HENRY BARBY

CORRESPONDANT DE GUERRE DU « JOURNAL »

L'Épopée Serbe

L'AGONIE D'UN PEUPLE

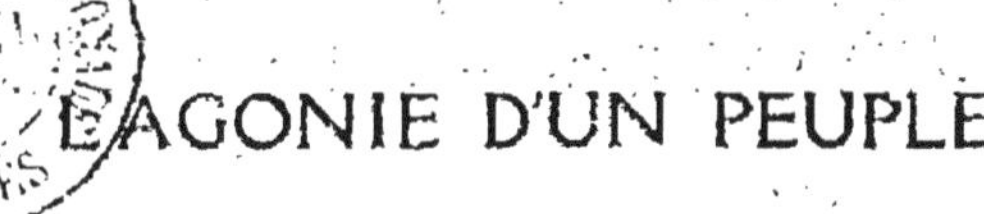

AVEC 20 ILLUSTRATIONS HORS TEXTE ET 1 CARTE

LIBRAIRIE MILITAIRE BERGER-LEVRAULT

PARIS	NANCY
5-7, RUE DES BEAUX-ARTS	RUE DES GLACIS, 18

1916

L'ÉPOPÉE SERBE

DU MÊME AUTEUR

Les Victoires serbes (La guerre balkano-turque). 1 vol.
3f 5o. Bernard Grasset, édit.

Brégalnitsa (La guerre serbo-bulgare). 1 vol. 3f 5o. Bernard
Grasset, édit.

SOUS PRESSE

Avec l'Armée serbe.

Cet ouvrage contient, avec le récit anecdotique et vécu de
la guerre austro-serbe depuis le jour où l'Autriche-Hongrie
remit sa note-ultimatum à la Serbie, les principaux documents officiels, ordres, rapports, directives du haut commandement et des armées serbes relatifs aux opérations, et douze
cartes détaillées pour chaque bataille et pour les principales
opérations militaires.

Un fort volume, abondamment illustré. 3f 5o.

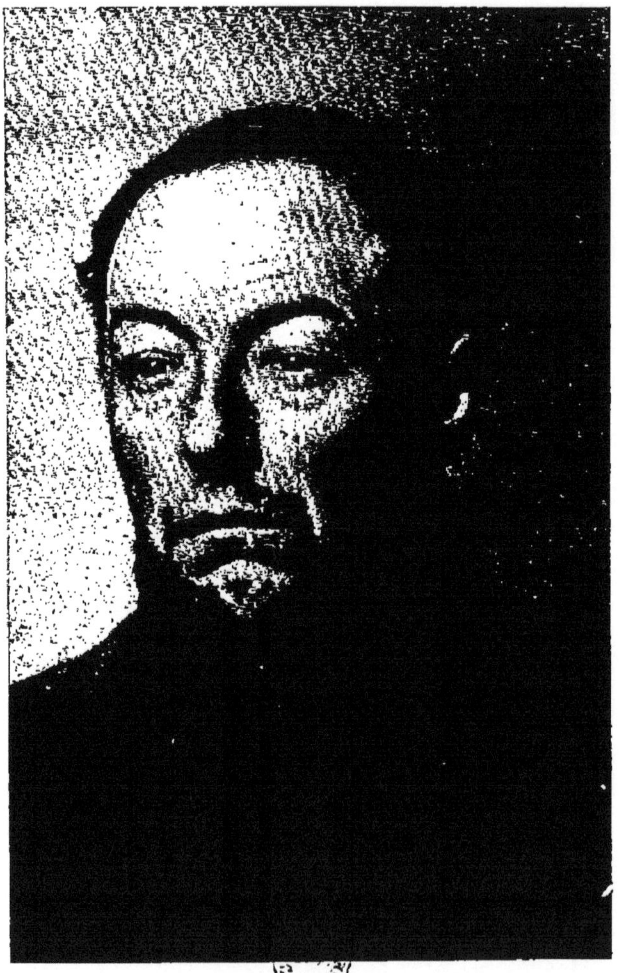

M. HENRY BARBY A SON ARRIVÉE A SCUTARI

HENRY BARBY

CORRESPONDANT DE GUERRE DU « JOURNAL »

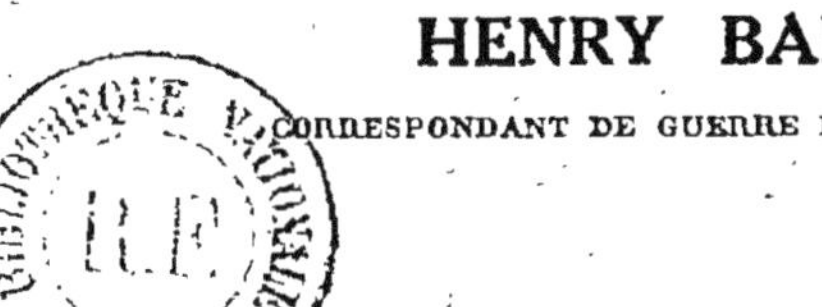

L'Épopée Serbe

L'AGONIE D'UN PEUPLE

AVEC 20 ILLUSTRATIONS HORS TEXTE ET I CARTE

LIBRAIRIE MILITAIRE BERGER-LEVRAULT

PARIS	NANCY
5-7, RUE DES BEAUX-ARTS	RUE DES GLACIS, 18

1916

L'EXODE DOULOUREUX D'UN PEUPLE DE HÉROS

RACONTÉ PAR UN TÉMOIN

L'EXODE DOULOUREUX D'UN PEUPLE
DE HÉROS
RACONTÉ PAR UN TÉMOIN

———

M. Henry Barby a vécu en Serbie les trois derniers mois de l'année 1915, ces trois mois tragiques où l'héroïque nation succomba sous les coups de trois adversaires coalisés.

Envoyé spécial du Journal au grand quartier serbe, il assista, d'abord, sur le front du Danube, à l'invasion de l'armée allemande : armée plus que médiocre par la qualité de ses soldats : des enfants ou des vieillards, mais appuyée d'un prodigieux matériel de guerre et d'une formidable artillerie lourde, grâce à quoi la résistance désespérée des intrépides troupes du roi Pierre fut écrasée sous un ouragan d'acier.

M. Henry Barby suivit à cheval la retraite de l'armée jusqu'à Prisɛrend, retraite où vint se joindre et se confondre toute une population éperdue, lamentable, de femmes, de vieillards, d'enfants, arrivant de toutes les directions, fuyant en débâcle devant les trois armées de barbares qui encerclaient la Serbie.

Puis, au milieu de ce flot humain, c'est, de Priszrend à l'Adriatique, la traversée, en hiver, des montagnes sauvages et désertes d'Albanie; l'effroyable exode dans la neige, la glace et la boue, dans la misère et la souffrance, sans vivres ni abris, tantôt à cheval, tantôt à pied, frôlant à chaque pas la mort, le long d'une route inconnue où les seuls jalons sont des cadavres ou des moribonds.

C'est enfin l'arrivée à Scutari, avec les missions françaises rassemblées; puis un nouveau calvaire jusqu'à Durazzo; enfin l'embarquement pour l'Italie et deux attaques de sous-marins contre le transport.

Ces jours d'horreur, de détresse et d'indéfectible vaillance de la tragique épopée serbe, M. Henry Barby, qui en a partagé toutes les souffrances et noté tous les héroïsmes, les évoque ici en un récit détaillé, pathétique et vécu.

Les Éditeurs.

COMMENT FUT ÉCRASÉE LA SERBIE

COMMENT FUT ÉCRASÉE LA SERBIE

De la Serbie il ne reste pas un pouce de territoire qui ne soit aux mains de l'envahisseur. De l'armée serbe, c'est à peine si la moitié des soldats, échappant à la mort et à l'ennemi, ont réussi à atteindre la côte adriatique.

J'ai vécu, depuis la première heure, toutes les journées de l'atroce agonie de cette vaillante petite nation frappée en pleine vie, en plein essor. J'ai parcouru avec son peuple et son armée intrépides toutes les douloureuses étapes de leur effroyable calvaire.

Devant leur sort immérité, le monde entier s'incline avec respect, et, si les Alliés reconnaissent maintenant les fautes qu'ils ont commises, l'heure n'est pas sonnée encore de départir les responsabilités.

Je n'entreprends donc ici que le récit vécu de la mémorable tragédie qui s'acheva par l'écrasement complet de la Serbie.

Cependant, avant de commencer la publication de mes notes, prises au jour le jour, il convient, je crois, de faire ressortir nettement l'impressionnante leçon qu'on peut tirer des événements qui se sont déroulés en Serbie pendant les quelques semaines que dura la marche victorieuse de l'ennemi. Il importe, avant tout, de mettre en pleine lumière le principe de l'offensive austro-allemande, qui *atteignit son but avec un minimum de troupes.*

En économisant un matériel humain, qui se raréfie de plus en plus en Allemagne et en Autriche, le maréchal Mackensen a obtenu tous les résultats qu'il souhaitait, grâce à un matériel industriel formidable, grâce à ses gros canons, grâce à une artillerie innombrable qui se livra à une véritable orgie de munitions. C'est cela qu'il fallait avant tout faire ressortir et proclamer. Ainsi que l'a dit et prédit tant de fois M. Charles Humbert, au cours de son admirable et célèbre campagne patriotique : *Des canons ! Des munitions !* il n'est pas de mur de poitrines humaines dont une artillerie puissante ne se rende maîtresse.

** **

Les grandes lignes du drame sont connues. Je ne reviendrai donc ni sur la félonie des Bulgares ni sur l'aveuglement prolongé dont fit preuve à leur égard la Quadruple Entente.

La mobilisation bulgare coïncidant avec le groupement des forces austro-allemandes aux frontières de l'ouest et surtout du nord de la Serbie, le haut commandement serbe vit clairement ce qui allait arriver. Il proposa d'abord à son Gouvernement de ne laisser en face des Austro-Allemands que de modestes troupes de couverture et de jeter toutes ses forces contre les Bulgares pour empêcher leur mobilisation et leur concentration. On reviendrait ensuite contre les Austro-Allemands.

Mais ce plan impliquait en lui-même un élément politique. Le Gouvernement serbe dut en demander l'approbation aux Alliés.

Elle fut refusée.

D'après les renseignements de son quartier général, l'armée serbe — 250.000 hommes en chiffre rond — allait avoir à combattre, d'un côté environ 250.000 Austro-Allemands, et jusqu'à 350.000 Bulgares de l'autre côté.

La tâche était difficile ; elle devint écrasante quand les Grecs, sous de singuliers prétextes, refusèrent d'exécuter le traité d'alliance qui, incontestablement, les obligeait à se porter au secours de la Serbie avec toutes leurs forces armées.

Pour défendre le pays et faire face à ses ennemis, le haut commandement s'efforça de parer au plus urgent.

Les plus grandes forces, naturellement, furent portées face aux Bulgares. Défendre toute la frontière serbo-bulgare était cependant irréalisable. Dans ces conditions, et comme on prévoyait que le but des ennemis était d'opérer leur jonction aussitôt que possible en se frayant un passage sur le sol de l'Ancienne Serbie, on se préoccupa de garantir la frontière entre l'Ancienne Serbie et la Bulgarie, tandis qu'on ne laissait en Nouvelle Serbie (vallée du Vardar) que de faibles forces combinées avec des troupes de réserve.

Avec cette disposition, le quartier général serbe se croyait certain de pouvoir contenir la poussée ennemie jusqu'à l'arrivée des troupes alliées qui lui étaient promises. Le rôle de celles-ci devait consister à protéger la frontière de la nouvelle Serbie contre l'invasion bulgare.

Le quartier général serbe s'attendait du reste à recevoir plus tard un secours plus important, qui devait lui permettre, après avoir contenu l'ennemi, de le chasser hors des frontières et de le vaincre définitivement.

Tel fut le plan primitif du voïvode Putnik. Il prêtait à la critique, car il laissait la ligne ferrée Uskub—Salonique presque sans protection de la part de l'armée serbe. Comme, malheureusement, les secours des Alliés vinrent en retard, cela permit

LE VOÏVODE PUTNIK, GÉNÉRALISSIME DES ARMÉES SERBES

aux Bulgares, dès les premiers jours des opérations, de couper cette ligne ferrée, la seule par quoi on pouvait ravitailler la Serbie.

Cependant, tandis que les Bulgares, malgré de grands sacrifices d'hommes, ne réussissaient pas à avancer en Serbie, du côté de l'ancienne frontière serbo-bulgare, les Austro-Allemands progressaient, soutenus par leurs canons qui leur frayaient la route.

Grâce à l'énorme supériorité numérique de leur artillerie de campagne et de montagne, grâce surtout à la grosse artillerie allemande, les troupes du maréchal Mackensen obligèrent les Serbes, de jour en jour, à céder le terrain.

La proportion des infanteries serbe et austro-allemande était, au début des hostilités, d'après les chiffres mêmes du haut commandement serbe, de 1 fantassin serbe pour 1,5 fantassin austro-allemand.

Cette légère infériorité numérique n'empêcha pas, dans les rares rencontres où les infanteries adverses purent se mesurer, que l'avantage, chaque fois, resta aux Serbes.

Il fallait voir, en effet, quels tristes échantillons de la race germanique étaient la grande majorité des prisonniers allemands !

Recrues de dix-huit ans à peine, ou territoriaux de quarante-cinq à cinquante ans, pour la plupart

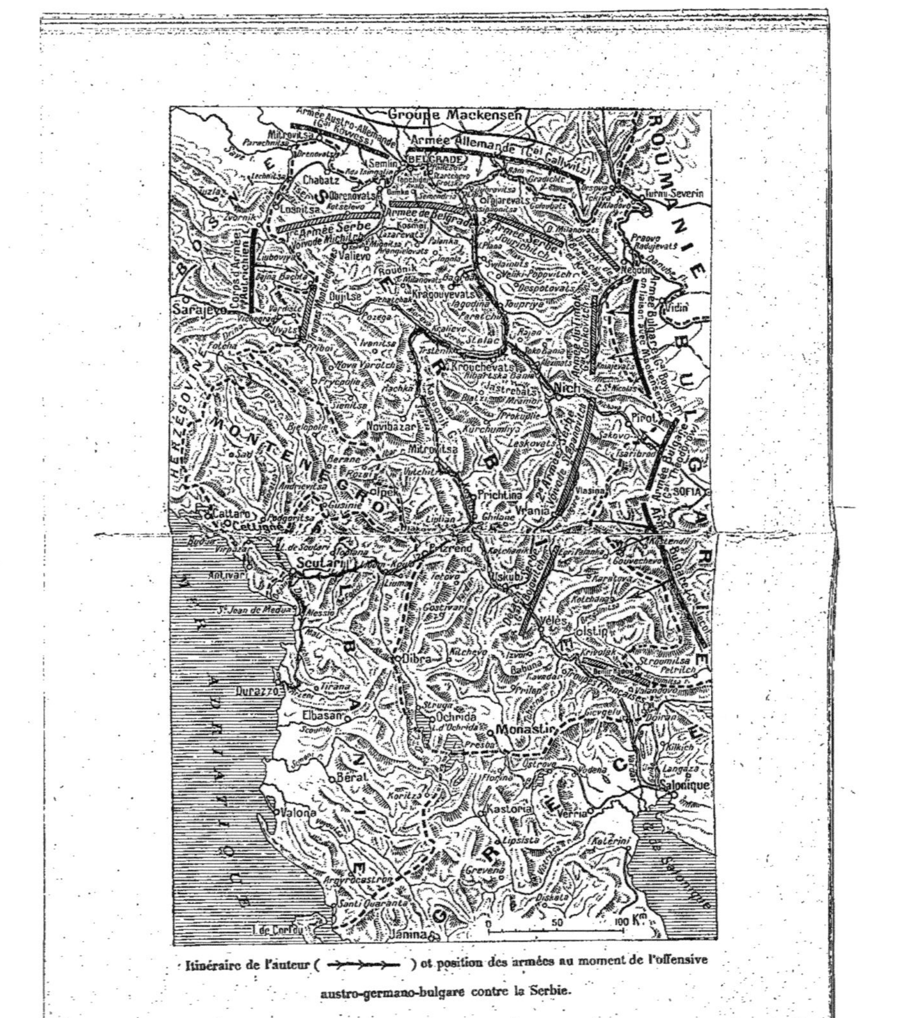

Itinéraire de l'auteur (———▶———▶—) et position des armées au moment de l'offensive

austro-germano-bulgare contre la Serbie.

ils semblaient avoir été prélevés (et l'avaient certainement été) parmi des ajournés et des réformés. Je puis affirmer n'avoir pas vu, parmi eux tous, un seul homme vigoureux.

Mais le maréchal Mackensen avait à sa disposition cinq batteries d'artillerie là où les généraux serbes pouvaient à peine lui en opposer une, mais ses soldats faibles et maladifs marchaient précédés d'une nappe de feu et d'acier à laquelle rien ne pouvait résister. Quand ils arrivaient sur les positions serbes, labourées et retournées par un ouragan de mitraille, leur rôle, peu glorieux, mais suffisant, consistait simplement à occuper le terrain abandonné.

Et, tandis que les troupes serbes étaient décimées, les pertes des troupes austro-allemandes restèrent minimes, sauf pendant les premiers jours des opérations, lorsqu'il leur fallut traverser la Save et le Danube.

Les troupes serbes, officiers et soldats, étaient navrées et exaspérées. Combien de fois, quand ils voyaient défiler devant eux ces rebuts de la race germanique qu'étaient les prisonniers, ne les ai-je pas entendus maudire l'artillerie formidable qui les obligeait à reculer, chaque jour, devant des ennemis dont ils constataient avec rage l'infériorité, tant physique que morale !

LES PREMIERS JOURS DE LA RETRAITE A NISCH

Jusqu'au dernier jour, les troupes serbes, qui luttaient contre les Bulgares, gardèrent leur énergie et leur vaillance, mais celles qui faisaient face aux Austro-Allemands furent gagnées peu à peu par le désespoir.

« Ce qui démoralise nos hommes, plus que notre retraite incessante, me confièrent à plusieurs reprises les officiers, c'est que les Austro-Allemands ne nous battent pas par leur qualité, ni même par leur nombre, mais par une supériorité de matériel formidable et par leur organisation supérieure. Ils nous battent parce que, toujours, ils peuvent amener, là où il le faut et quand il le faut, un matériel d'artillerie et une quantité de munitions toujours triple, quadruple et même quintuple de ce que nous pouvons leur opposer ! »

Le haut commandement serbe réussit cependant à replier ses armées vers le centre du pays, en les conservant presque intactes.

Les troupes connaissaient l'effort que les Français accomplissaient. Elles tournaient leurs regards d'angoisse vers les Russes et vers les Anglais, dont elles attendaient le secours.

Jusqu'au dernier moment, elles espérèrent !

Jusqu'au dernier moment, elles crurent que les Alliés sauraient les dégager en envoyant des renforts suffisants, qui, en prenant l'offensive dans la direction de Velès, auraient gravement compromis la situation de l'armée bulgare, très aventurée en Nouvelle Serbie.

Cet espoir ne se réalisa pas, et, les tenailles ennemies se resserrant de plus en plus, les armées serbes durent se retirer dans ce qui restait de la Nouvelle Serbie, puis, de là, en Albanie.

C'était la suprême retraite ! la fin de la lutte héroïque !

Tout était envahi ! Toute la Serbie, après deux mois de guerre sanglante et sans qu'aucune bataille décisive eût été livrée, était écrasée et conquise.

DE LA CONFIANCE AU DÉSESPOIR

DE LA CONFIANCE AU DÉSESPOIR

Dès le 14 octobre, les communications, tant par chemin de fer que par télégraphe, entre la Serbie et Salonique, étaient brusquement coupées par les Bulgares. Quelques jours plus tard, les relations avec la Roumanie étaient à leur tour interrompues. La Serbie alors se trouva totalement isolée du reste du monde, ce pendant que la pression de l'armée austro-allemande, au nord, et que celle de l'armée bulgare, à l'est, se faisaient de plus en plus violentes.

Dès lors, aucun de mes télégrammes, aucune de mes lettres ne parvinrent plus au *Journal,* et, tandis que je vivais avec l'armée et le peuple serbes leur dramatique odyssée, tandis que la Serbie agonisait sous la triple étreinte qui l'enserrait, un seul de mes articles, daté de Priszrend, parvint par la voie des airs au *Journal.* Il parut dans le numéro du 3o novembre 1915, sous le titre « L'Exode tragique », et portait l'indication : (*A suivre*).

Hélas ! le *Journal* n'a jamais publié cette suite, qu'il n'a jamais reçue.

Cependant, le calvaire du vaillant peuple serbe continuait, de plus en plus terrible.

Sans révolte ni défaillance, tous, non seulement les soldats, mais encore, et comme eux, les vieillards, les femmes et même les tout petits, luttèrent jusqu'à la dernière heure contre le destin fatal. Tous, et beaucoup, hélas ! jusqu'à la mort, employèrent leurs dernières forces à essayer de conjurer, de reculer au moins, l'inévitable catastrophe !

*
* *

Vers le 20 octobre, je me trouvais au front nord avec les troupes serbes opposées aux forces du maréchal Mackensen.

Déjà toutes les routes étaient défoncées, mais, si la nature se montrait hostile, si la marche dans les terres détrempées était pénible, les soldats avaient gardé, dans la retraite, leur entrain et leur gaieté.

Culottés de boue, ruisselants d'eau, surmontant toutes les épreuves, ils restaient plus forts que le sort adverse. Quelle énergie se lisait alors sur leurs rudes visages, dans leurs regards assurés ! Quelle belle confiance ils conservaient en leurs chefs, en eux-mêmes et en leurs alliés !

Ils reculaient, mais quand même ils affirmaient :

« Nous battrons les Allemands comme nous avons battu les Schvabas (Autrichiens). Devrions-nous reculer aussi loin qu'en décembre dernier devant les armées du feld-maréchal Potiorek, et même plus loin encore, finalement nous reviendrons, nous les vaincrons, nous les chasserons de Serbie ! »

Hélas ! les jours et les semaines passèrent : les secours promis n'arrivèrent pas, ou vinrent trop insuffisants.

Abandonnée à elle-même dans sa lutte inégale, la Serbie, rapidement, se trouva terriblement éprouvée. Sa situation ne tarda pas à devenir tragique.

Toute la contrée du nord, depuis la Drina jusqu'à la frontière bulgare, avait déjà été évacuée, sous la pression de l'invasion austro-allemande. Toutes les régions de l'est, pareillement, avaient été abandonnées par leurs habitants devant la menace bulgare.

L'une après l'autre, les villes les plus importantes du pays tombaient aux mains des ennemis.

Nisch, puis Kragouiévatz, pourtant au cœur de la Serbie, furent, dès la dernière semaine d'octobre, évacuées à leur tour. A cette époque déjà, aucune comparaison n'est plus possible entre le sort de la Serbie et le sort, pourtant effroyable, qui fut celui de la Belgique. Le peuple serbe n'avait plus d'issue pour s'échapper, plus de porte pour se ravitailler !

A l'ouest, au nord, à l'est, l'ennemi ! La route du sud est définitivement coupée. Personne ne sait déjà plus vers quel refuge diriger sa fuite...

Du nord et de l'est, vers le centre du pays, reflue, comme un double flot, une foule épouvantée. Le centre, à son tour, s'affole et bientôt le peuple serbe presque tout entier quitte ses demeures, ses biens et son pays pour commencer l'effroyable calvaire.

Le Gouvernement, pas plus que la population, ne sait où chercher un refuge. Son premier projet, qui consistait à se transporter partiellement à Monastir et à Prichtina, — car, en dehors de Nisch, la Serbie n'a plus de ville assez importante pour abriter son Gouvernement en entier, — n'a pu être réalisé.

Il faut se diriger vers les petites villes du centre, échelonnées dans la vallée de la Morava occidentale, sur la ligne ferrée secondaire de Stalatch, Krouchevatz, Trestenik, Kraliévo, Tchatchak, Ougitsé. Le corps diplomatique va en partie à Kraliévo et à Tchatchak. Le Gouvernement se scinde également et s'arrête à Krouchevatz et à Trestenik.

Cet exode a commencé le 18 octobre. Depuis ce jour, tous errent de villes en bourgs et de bourgs en villages.

(Photo Marianovitch)

L'EXODE — UNE COLONNE DE FUGITIFS PENDANT LA RETRAITE

Brusquement, du 26 au 29 octobre, Ougitsé, puis Tchatchak, villes du sud-ouest, doivent être évacuées sous la menace enveloppante des Austro-Allemands par l'ouest. Simultanément le quartier général recule de Kragouiévatz à Krouchevatz. Enfin, le 1er novembre, Gouvernement, corps diplomatique et quartier général convergent vers la petite ville de Kraliévo, située au confluent de la Morava occidentale et de l'Ibar. En même temps qu'eux, toute la Serbie y déferle pour s'engouffrer dans l'étroite vallée de cette rivière et chercher un refuge derrière l'armée, dans l'épais massif montagneux qui, au sud de l'Ancienne Serbie, la sépare du sandjak de Novi-Bazar et de la plaine de Kossovo.

J'avais déjà vécu des heures bien douloureuses dans ce malheureux pays, au cours de la première phase de la guerre, mais rien n'approche des spectacles d'horreur et d'épouvante, de détresse et de mort auxquels j'allais assister.

Sur toutes les routes se pressent des cortèges de cauchemar : infortunés meurtris, transis, affamés, errant sans feu, sans abris et sans vivres, sous la pluie, dans la boue, où les trop vieux et les trop faibles s'abattent pour ne plus se relever.

Partout, les villes, de plus en plus pauvres et petites à mesure qu'on approche des montagnes du centre, regorgent de réfugiés. Partout, on voit des campements en plein vent avec le bétail, les troupeaux et les chars où sont empilés, au hasard, quelques hardes et quelques meubles.

Cependant, les troupes serbes continuent sans faiblir à faire face aux ennemis coalisés.

Ils maintiennent encore l'armée bulgare clouée à la frontière. Quatre fois, sur la ligne Zaïetschar—Kniagevatz, ils l'ont repoussée en lui infligeant d'énormes pertes. Si, sur le front nord, ils reculent devant l'enveloppement, devant la formidable avalanche de mitraille que vomissent les innombrables canons des Austro-Allemands, ceux-ci, au moins, ne les débordent pas.

Mais bientôt l'armée en retraite et la population en déroute se mêlent. Les troupes reculent au milieu des gémissements des vieillards, des plaintes désespérées des femmes et des enfants, qui ploient sous la charge trop lourde des épaves qu'ils ont voulu arracher à la ruine de leurs foyers, qui poussent devant eux, accroissant la confusion, un bétail effaré et mugissant.

Tous les aspects lamentables de la détresse, de la faiblesse, de la souffrance humaines se déroulent sous les yeux de l'armée. Comment resterait-elle impassible ?

Il n'y a plus de pain pour personne ; les mères, défaillantes, n'ont plus de lait pour leurs nourris-

-sons ; une affreuse lassitude accable la foule infor-
tunée, et pourtant, afin de frayer passage à l'artillerie
et aux multiples trains des équipages, il faut écar-
ter des routes cette cohue implorante et éperduc.

C'est alors que dans les yeux des rudes soldats
serbes j'ai vu des larmes, — des larmes de pitié,
d'impuissance, de rage !

L'EXODE COMMENCE

L'EXODE COMMENCE

Comme le quartier général, comme le Gouvernement, comme les fugitifs, je me dirige vers Kraliévo.

Aux abords de toutes les gares, on s'écrase, mais à Stalatch, embranchement de la ligne secondaire qui va de Krouchevatz à Ougitsé, en passant par Kraliévo, l'encombrement est encore plus inouï que partout ailleurs.

Tout le matériel de chemin de fer, tout le matériel militaire, tous les vivres et munitions qu'on a pu sauver de Belgrade, de Sméderévo, de Valiévo, de Nisch, de Kragouiévatz, sont entassés là, et il en reflue encore au fur et à mesure du recul des armées.

Sur les voies de garage et sur les quais, tout est pêle-mêle, jeté au petit bonheur, en plein vent, sous la pluie.

On manque de vivres, on n'a plus de pain et on marche sur des sacs de farine éventrés !

Les troupes en retraite et celles que le haut commandement roque d'un front à l'autre, dans cet encombrement, se bousculent avec la masse sans cesse grandissante des fugitifs affolés, des prisonniers autrichiens, allemands et bulgares, sans escorte, autant dire, et des blessés blêmes, aux pansements maculés, qui arrivent du nord et de l'est à la fois.

Cette cohue vit, mange et couche dans la boue, où valises, caisses et ballots s'enlisent autour et dans la gare, dont les salles d'attente, pleines d'un brouillard irrespirable, fait de fumée et de la buée qui sort des uniformes trempés, sont encombrées par des soldats épuisés, qui dorment en tas.

Les trains, archi-bondés, sont pris d'assaut par une foule hurlante, qui s'accroche partout, jusques après les locomotives.

Après une demi-journée d'attente, je peux, le 3o octobre, au soir, me hisser dans un des derniers trains partant vers Kraliévo. Nous devons, sous la pluie, sur la plate-forme découverte où nous sommes entassés, rester immobiles pendant plus de trois heures, pour laisser passer les convois de blessés qui se succèdent.

Enfin, nous partons dans la nuit noire.

*
* *

Le train serpente dans la vallée de la Morava

occidentale. Sa longue file de wagons à marchandises et de plates-formes découvertes avance lentement.

Je suis brisé de fatigue et, pourtant, le sommeil me fuit.

Derrière nous, dans le sombre lointain, les canons grondent.

L'armée résiste ; elle tient bon ; elle a toujours confiance.

— Si nous tenons encore quinze jours, nous sommes sauvés ! m'a dit tout à l'heure le général Jivkovitch. Les Alliés seront arrivés...

Sur notre plate-forme, nous sommes une cinquantaine, accroupis et entassés : soldats qui ignorent où on les dirige, blessés dont les oreilles bourdonnent encore de l'écho puissant de la bataille et dont les yeux, grands ouverts dans des visages creusés, restent fixes comme des yeux de moribonds...

Et il y a aussi des paysans âgés et débiles, de vieilles femmes qui toussotent, de jeunes femmes, de fraîches jeunes filles et des enfants..., des enfants !... Et tous, sous la pluie glaciale, se tiennent recroquevillés, serrés les uns contre les autres, pour occuper moins de place et pour avoir plus chaud.

Parmi le vacarme du train, la plainte monotone

d'un blessé arrive à mon oreille... Au bout du wagon, une voix chante une mélodie lente et triste... A ma droite chuchote un murmure continu. C'est une petite vieille, dont les mains sont crispées sur les maigres genoux et qui, les yeux clos, prie...

— Mère, où vas-tu ?...

— Hier, j'ai enterré mon fils et aujourd'hui j'ai dû fuir... Hélas ! je n'ai même pas eu le temps de verser le vin sur son tombeau !...

A côté d'elle, une autre vieille soutient, sur ses genoux, le sommeil d'une fillette ; à ses pieds sont accroupis deux bambins de cinq ans à peine, aux yeux grands ouverts.

Des conversations se sont engagées, qui cessent quand la pluie tombe trop violente et qui recommencent aux accalmies. Un soldat décrit un combat ; un autre raconte que, depuis Belgrade, il a vu mourir, de faim et de froid, plus de vingt enfants...

Mais, tout à coup, la locomotive siffle : c'est une station.

Devant leur cahute de bois et de paille, quelques vieux de la « dernière défense » se tiennent là, baïonnette au canon. Le quai est comble de soldats.

Le train stoppe.

— Maman, j'ai faim ! murmure soudain une faible voix.

La mère, une paysanne, feint de ne pas entendre. Un instant, j'entrevois, à la lueur d'une lanterne fugitive, son visage que la douleur crispe ; elle n'a plus de pain ; elle n'a pas le courage de faire, au petit être qui souffre, la cruelle réponse : *Néma !* (Il n'y a pas !)

Mais le blessé, qui gémit, interrompt sa plainte. Avec un effort immense, il se dresse sur le coude, retire son sac de dessous sa tête, en sort un reste de « boule » de soldat et, tendant le pain à la mère :

— *Ouzmi !... daï detsi !...* (Prends !... donne aux enfants !...) souffle-t-il d'une voix épuisée.

On repart.

Un train croise le nôtre, un train bondé de soldats et sur les plates-formes duquel on distingue des espèces de pyramides.

Des voix questionnent :

— Qu'est-ce ?

— Des canons !... *Frantzousi !...* (des Français !)

Tout le monde tressaille.

Le blessé se soulève pour suivre les pièces du regard ; ses yeux se sont ranimés. La fillette, qui dormait, se redresse. Les enfants, oubliant leur faim, crient :

— Des canons ! petite maman !... Des canons !

Ils ne savent pas au juste ce que c'est que des « canons », mais ils prononcent ces mots avec respect, avec piété... Et la vieille, près de moi, se signe, pendant qu'au bout de la plate-forme un chant s'élève.

« *Oï Serbio, maïko mila...* (O Serbie, ma mère bien-aimée...).

**
* **

Dans la gare de Kraliévo, c'est le même encombrement que dans la gare de Stalatch : sacs de farine et sacs de maïs, ici aussi, pourrissent sur les quais, sous les averses, à côté d'amas de munitions.

Des hangars, réduits en cendre, fument encore. Ils servaient de dépôt à des milliers de bidons d'essence. Hier, une main criminelle les a incendiés.

Dans la petite ville, c'est une cohue indescriptible, boueuse, pouilleuse, loqueteuse, au milieu de laquelle circulent des autos, de lourds camions militaires et les longues files de chars à bœufs du train des équipages.

En quelques jours, la population — cinq mille habitants — s'est accrue d'au moins cent mille réfugiés, qui, une fois les maisons et les cours envahies, se sont entassés sur les trottoirs et jusque sur les chaussées.

LES PREMIERS JOURS DE LA RETRAITE DANS LA VALLÉE DE LA MORAVA

Par le grand pont de l'Ibar, un interminable convoi de prisonniers arrive et augmente, si possible, l'encombrement. La grande place circulaire, au centre de la ville, n'est plus qu'un cloaque de fumier et de fange, où, harassés de fatigue, des soldats, des blessés, des prisonniers, des réfugiés, campent et se vautrent au milieu des troupeaux de moutons, des chevaux, des bœufs, des voitures et des chariots.

Sur cette place, l'Hôtel de Paris, seul hôtel méritant ce nom à Kraliévo, présente un spectacle inoubliable.

Pour y entrer, il faut se battre à la porte. À l'intérieur, le vacarme est assourdissant, l'atmosphère suffocante. On ne jetterait pas une épingle à terre. Il y a des gens jusque sous les tables.

Les vivres, bien entendu, font défaut à peu près totalement. La vague nourriture que l'on peut à grand'peine se procurer est innommable.

Par contre, les fausses nouvelles abondent, tantôt bonnes — trop bonnes — tantôt terrifiantes. C'est à croire que l'agence Wolff a ici une succursale pour achever d'affoler les troupes et la population.

LA DÉROUTE DANS LA NUIT FROIDE
ET LA BOUE

LA DÉROUTE DANS LA NUIT FROIDE
ET LA BOUE

———

Kraliévo fut le premier point de concentration. Là, en quelques heures, sous la poussée des événements, se trouvèrent réunis le Gouvernement serbe, les députés, les fonctionnaires arrivant de toutes les régions envahies ou menacées, et la population de ces régions. Les diverses légations et leur personnel s'y joignirent. Puis, avec le quartier général, les missions militaires et sanitaires étrangères, notamment les missions françaises d'aviation, des mécaniciens automobilistes, de T. S. F., de médecins et d'infirmières, à l'exception des médecins en service aux ambulances régimentaires ou aux hôpitaux de campagne, qui devaient rester à leur poste, avec les troupes, jusqu'au dernier jour.

Pour tous, la situation est la même. Comme les réfugiés, ils dorment sur le plancher des auberges, dans les écuries, n'importe où, et principalement à la belle étoile, ou plus exactement sous la pluie.

Non seulement c'est dans Kraliévo un entassement inimaginable, mais en outre les prairies, les champs, les collines qui entourent la ville, sont transformés en immenses bivouacs. Bien entendu, tous les vivres sont épuisés. Une boule de pain noir se paie déjà dix et même vingt dinars (francs).

La foule, sans trêve, continue d'affluer. Voici la colonie française des mines de Bor, une centaine d'hommes, de femmes et d'enfants, devenue, depuis trois semaines, une véritable tribu nomade. Et tous sont à peine arrivés qu'il leur faut fuir encore, fuir plus loin.

Le 3 novembre, on se bat à moins de 20 kilomètres au nord de Kraliévo. Dans la ville, les troupes de la première armée, en retraite, commencent à entrer avec les blessés. Le canon tonne presque aux portes, et c'est la panique.

Nuit et jour, un fleuve humain s'engouffre dans la vallée de l'Ibar, unique voie libre qui, par Rachka, permet de s'éloigner vers le sud, de gagner, à travers les montagnes, les contrées qui ne sont pas encore menacées : Novi-Bazar, Mitrovitsa, Prichtina.

*
* *

L'exode devient indescriptible. La route est encombrée au point qu'elle apparaît comme un ruban mouvant. Sans arrêt, sans relâche, le flot roule des piétons et des véhicules qui se pressent se coudoient, se heurtent dans la plus hétéroclite confusion. Voici, au milieu d'une immense file de chars à bœufs, les voitures de la Cour, lamentables, aux ors ternis sous une couche de boue. Voici, coude à coude avec les réfugiés, des ministres et des fonctionnaires — quelques rares privilégiés ont seuls trouvé place dans des automobiles ou des camions militaires. Voici, parmi la masse des fugitifs, des prisonniers autrichiens ; par groupes de trois à quatre cents, ils avancent, à peu près livrés à eux-mêmes, sous la garde d'un seul soldat serbe, un vieux de la « dernière défense ». Voici les blessés, dont personne ne s'occupe plus, et qui se traînent jusqu'à la fin de leurs forces pour échapper à l'ennemi. Et, étrange épisode de la guerre moderne, voici là-haut, au ciel, survolant la cohue lamentable, les aéroplanes qui battent en retraite eux aussi, qui vont vers le sud, comme tout ce qui existe, semble-t-il. Ils passent et s'éloignent au-dessus des cimes escarpées qui bordent l'étroit couloir où l'Ibar, parallèlement à la route, précipite ses flots torrentueux.

*
* *

Pour donner une idée de ce que fut la déroute

dès ce moment, voici en quelques lignes l'odyssée d'un groupe de médecins de la mission sanitaire française.

Ils étaient une vingtaine qui, les uns à cheval, les autres en chemin de fer, après vingt-quatre ou quarante-huit heures de voyage sur des plates-formes ou dans des wagons à marchandises, avaient rallié Kraliévo. Mais là, le chef de la mission, le Dr Jobert, ne pouvant, dans le désarroi général, leur procurer un moyen de transport quelconque, dut leur dire : « Débrouillez-vous ! »

Deux médecins principaux, les Drs Collet et Gandart, neuf majors, les Drs Loisel, Volters, Cotte, Treille, Delamare, Pierrot, Servières, Clerc, Troteski ; six aides-majors, les Drs Blanc, Sicart, Piot, Cotte, Lecq et Espelet, se groupèrent avec sept infirmières et réussirent, à prix d'or, à acheter cinq chars à bœufs pour sauver au moins les bagages indispensables.

Ils quittent Kraliévo le 3 novembre, à une heure de l'après-midi. Pas de provisions (on ne trouve plus rien à acheter dans la ville), quelques biscuits seulement dans un sac et aucun ustensile pour faire la cuisine en route.

Tous, à pied, se frayant un passage avec les plus grandes difficultés, au milieu de l'encombrement des véhicules et des piétons, avancent.

A la nuit, ils n'ont pas encore rencontré un seul village et se décident à faire halte au centre d'un cirque majestueux de montagnes d'aspect désolé. Sur la rive opposée de l'Ibar, sur une cime élevée, les ruines d'un vaste château indiquent que jadis ces contrées furent prospères. Ce sont les ruines du château Maglitch, « le château des brouillards », datant d'Étienne Némaïa, qui régna sur l'empire serbe au Moyen Age.

Cependant nos compatriotes cherchent à s'installer de leur mieux. Dans un champ, ils coupent des tiges de maïs et s'en font une litière. Ils ont, sur la route, rencontré par bonheur un troupeau de moutons et ils ont acheté un de ces animaux ; ils l'embrochent tout entier sur une branche d'arbre, le font rôtir, et, à la lueur d'une bougie, le découpent et apaisent leur faim.

Pour la nuit, sur la litière de maïs ils s'étendent tous, serrés les uns contre les autres, car le froid est vif. Le ciel, d'abord, est étincelant d'étoiles, mais le vent se lève ; vers minuit, la pluie commence ; bientôt elle tombe en déluge et jusqu'au jour ruisselle sur les infortunés qui, faute d'abri, restent étendus sur leur paille inondée.

A six heures, départ. Le groupe, glacé, trempé jusqu'aux os, s'éloigne dans une boue épaisse et marche sans relâche.

A la nuit, épuisés, ils s'arrêtent. De tout le jour ils n'ont rien mangé et, comme il n'y a plus de champ de maïs, ils n'ont, pour se coucher, que la terre détrempée, où ils s'étendent à flanc de montagne.

Cependant, auprès d'eux, des prisonniers autrichiens viennent camper, et ces derniers réussissent à allumer de petits feux maigres.

La nuit brumeuse est glaciale. Sur la route, l'exode ne s'arrête pas. Des convois passent, précédés de torches. Autour des feux, nos compatriotes se pressent côte à côte avec des fugitifs, des prisonniers, des blessés. On parvient enfin à faire du thé (sans sucre), et ainsi la nuit passe. Aux premières lueurs de l'aube, tous se remettent en route.

Il fallut trois jours, au groupe affamé et épuisé, pour arriver à Rachka. Là, ils trouvèrent pour s'abriter deux tentes, avec de la paille mouillée, au milieu d'une prairie.

LES ÉTAPES

LES ÉTAPES

La malheureuse Serbie, dans son calvaire, a eu
pour haltes successives chacun des lieux historiques qui furent, depuis des siècles, les témoins
de sa destinée.

Après Belgrade, la capitale actuelle ; après
Nisch, la cité chrétienne de Joupan Némaïa, où
s'arrêtèrent les armées de Frédéric Barberousse et
les croisés français ; après Kragouiévatz, qui fut
capitale aux premières années de la résurrection de
la Serbie, alors que les Turcs tenaient encore
Belgrade et Nisch ; après Krouchevatz, la résidence, au Moyen Age, du dernier de ses grands
empereurs, le tsar Lazar ; après Kraliévo, où, au
monastère de Gitcha, le « Reims » serbe, furent,
jadis, et sont encore de nos jours sacrés ses sou-
verains ; après toutes ces étapes de son histoire,
devenues les étapes actuelles de son exode tragique, la Serbie passa devant le monastère de
Stoudénitsa, dont les murs de marbre blanc,

dressés en pleine montagne, abritent la sépulture de ses anciens rois ; puis elle s'arrêta à Rachka.

Cette petite ville, véritable nid d'aigles accroché aux roches bordant l'étroit couloir de l'Ibar, et qui ne compte guère qu'un millier d'habitants, devint, à son tour, pendant une semaine, le siège, à la fois, du Gouvernement et du quartier général.

Cependant, tous les comestibles, quels qu'ils soient, ayant été enlevés en quelques heures par les premiers arrivants, la cohue des exilés affamés qui s'est abattue sur la ville et qui, autour, déborde sur le flanc des montagnes, doit continuer à fuir, pour ne pas mourir de faim sur place.

Rachka (qui s'appelait alors Ratsia) fut le berceau de la nation serbe aux temps de son arrivée dans la péninsule balkanique. Elle est située sur l'ancienne frontière serbo-turque ; aussi, le Gouvernement, ne pouvant se décider à quitter le sol de la patrie (car plus loin ce sont les nouvelles contrées reconquises, voici trois ans à peine), resta à Rachka jusqu'à la dernière heure.

— C'est ici que nous sommes nés..., me dit M. Pachitch que, le soir même de mon arrivée, je trouvai, solitaire et triste, sur le pont de l'Ibar.

Ses lèvres remuèrent en silence, comme pour une prière ; il mit sa main devant ses yeux d'où roulaient, sur sa barbe blanche, des larmes qu'il ne pouvait retenir, et le vieil homme d'État, qu'avec une intense émotion je voyais ainsi pleurer sur les malheurs de son pays, ajouta d'une voix brisée :

« Que Dieu fasse que Rachka ne devienne pas notre tombeau ! »

Mais les Austro-Allemands débordaient vers l'ouest ; les armées serbes se repliaient dans les montagnes, et, chassé par le canon, le Gouvernement fut contraint de suivre l'exode général.

Les uns partirent pour Novi-Bazar, les autres pour Mitrovitsa.

Les mots me manquent pour continuer à décrire cette retraite tragique des troupes, cette déroute éperdue de la population, de plus en plus découragées, de plus en plus affamées et épuisées.

Ce sont les mêmes tableaux déchirants, les mêmes scènes de détresse, de désespoir et d'horreur qui se succèdent sans relâche, qui se renouvellent constamment, plus navrantes, plus nombreuses à mesure que les jours s'ajoutent aux jours.

*
* *

Cependant l'escadrille d'aviation continue à assurer, en pleine retraite, le service des reconnaissances, mais quel service, soit qu'il s'agisse d'aller affronter le feu de l'ennemi vers le nord pour survoler les armées austro-allemandes, soit vers l'est au-dessus des lignes bulgares!

Chaque vol est un véritable défi à la mort!

Pour s'évader de l'étroite cuvette où, à Rachka, les avions nichent au milieu des montagnes, il faut d'abord décrire une spirale étroite, se vriller littéralement dans le ciel au milieu de la traîtrise des coups de vent qui soufflent entre les pics. Puis, aller et retour, il faut voler au moins 150 kilomètres par-dessus un épais massif montagneux où n'existe aucun terrain d'atterrissage, où la moindre défaillance du moteur, la panne la plus insignifiante, se traduirait presque à coup sûr par la chute et la mort, la mort inévitable, car pilotes et observateurs savent que, s'ils ne s'écrasent pas avec leur appareil dans ce chaos de rochers déserts, ils y périront de faim avant qu'on ait pu les retrouver.

Néanmoins, journellement ils exécutent ces vols émouvants. Leurs avions pourtant — quelques morceaux de bois et de toile assemblés — sont depuis deux mois sans le moindre hangar et exposés nuit et jour à toutes les dégradations de la pluie et du vent. En outre, dans l'affolement et le désarroi qui ont bouleversé tous les services en retraite, il faut faire tout par soi-même, tout prévoir et suppléer à tout. Il faut sauver et ménager précieusement les dernières réserves d'essence et d'huile, ainsi que les pièces de rechange indispensables. Il faut, au milieu de l'exode général, du désordre et de l'encombrement, organiser le ravitaillement avec les faibles moyens de fortune dont on dispose. Pilotes, observateurs, mécaniciens et chauffeurs sont sur les dents.

Or, voici qu'un ordre du quartier général prescrit d'aller reconnaître le front bulgare du côté d'Uskub. C'est un vol de 3oo à 35o kilomètres. Une escale est donc indispensable. Une automobile légère part, emmenant un mécanicien et quelques bidons d'huile et d'essence pour l'installer à Mitrovitsa. Je profite de l'occasion pour gagner cette ville.

La route, taillée sur la rive droite de l'Ibar, dans le flanc même de la montagne, est à moitié ruinée, et même parfois complètement écroulée sur plusieurs dizaines de mètres. Des équipes de prisonniers autrichiens, à l'aspect famélique, la réparent tant bien que mal. Les outils leur manquent, et pour la plupart c'est avec leurs mains qu'ils posent les pierres et tassent la terre.

Jamais d'autres véhicules que les chars à bœufs ou les petites voitures rustiques des indigènes n'ont passé par ici; c'est dire à quel point sont nombreux les accidents pour les voitures, tracteurs et camions automobiles qui tentent aujourd'hui de parcourir cette route.

Deux des tracteurs de notre escadrille, chargés de matériel et d'hommes, entraînent la chaussée sous leur poids et roulent dans l'Ibar. L'un d'eux culbute trois fois sur lui-même pendant cette chute d'au moins trente mètres. Hommes et bagages sont projetés dans le vide. Par miracle personne n'est tué ni même grièvement blessé.

Quatre fois il nous faut traverser à gué des rivières, grossies par les pluies et où l'eau nous monte jusqu'à mi-cuisse. Ensuite, à la pelle et à la pioche, nous devons creuser dans la berge une issue pour permettre à notre voiture de remonter sur la route.

Un pont de bois s'effondre pendant notre passage. Grâce à la présence d'esprit de notre chauffeur, nous évitons la catastrophe, et, avec l'aide d'un groupe de prisonniers, nous sortons de ce mauvais pas.

Partout, des voitures brisées gisent au fond des précipices ou dans l'Ibar que la route surplombe continûment.

La nuit est tombée maintenant. La prudence la plus élémentaire nous commande de nous arrêter; mais, si nous nous arrêtons, notre avion, demain matin, ne trouvera pas de quoi se ravitailler.

Mes compagnons (¹), éreintés, tombant de fatigue, se relaient à tour de rôle au volant. Coûte que coûte ils veulent arriver ce soir à Mitrovitsa, et dans l'obscurité profonde nous continuons.

Tout à coup, le sol manque sous notre roue arrière de droite. Un miracle nous laisse en équilibre au-dessus du gouffre. Au risque d'être écrasés par la chute de la voiture, mes compagnons installent des crics et réussissent à la replacer sur la route. Plus loin, même accident. Cette fois c'est une de nos roues de devant qui reste suspendue dans le vide. Nous nous en tirons encore...

Enfin, à dix heures de la nuit, après avoir, à toutes les minutes, échappé à la mort sans cesse côtoyée, nous entrons à Mitrovitsa.

Comme les autres villes, Mitrovitsa regorge de réfugiés, et là, comme partout, les vivres, même le pain, commencent à manquer sérieusement.

---

(1) Les caporaux James de Rothschild, engagé militaire, simple conducteur d'auto, et Lestradet, jeune inventeur bien connu dans l'industrie automobile et ici mécanicien de Paulhan.

UNE PLAINTE EFFROYABLE
MONTAIT
DE LA VALLÉE DE KOSSOVO

UNE PLAINTE EFFROYABLE
MONTAIT DE LA VALLÉE DE KOSSOVO

A Mitrovitsa, le Gouvernement et le quartier général ne purent prendre le temps de respirer. Il fallut continuer à fuir.

C'est dans la nuit du 15 au 16 novembre que l'alarme est donnée.

Dans la région qui s'étend à l'ouest de la ligne ferrée Nisch—Uskub—Salonique, il y a de nombreux villages albanais. Les uns sont pour les Bulgares, les autres pour les Serbes, et en général ils sont tous pour les Bulgares ou les Serbes, suivant que ce sont les premiers ou les seconds qui prennent l'avantage.

Cependant, les Bulgarés, qui se servent sans scrupule de cette duplicité, avaient réussi, grâce à leur concours, à s'emparer du défilé de Katchanik.

Sous la conduite de quelques Albanais, qui la guida dans les sentiers à travers les montagnes, une colonne bulgare tourna les positions serbes, contre lesquelles les attaques se brisaient. Elle apparut soudain derrière l'état-major serbe, l'encercla et faillit le faire prisonnier.

Deux cents gendarmes : telle était la faible défense de cet état-major ! Mais ils résistèrent si bien qu'ils permirent aux troupes d'accourir et de repousser l'ennemi. Malheureusement, pour ce faire, elles avaient dû abandonner leurs positions, que les Bulgares occupèrent aussitôt. Les Serbes ne tenaient plus que les dernières hauteurs situées à la sortie du défilé; cependant, ils s'y maintenaient depuis un mois, quand, le 14 novembre, ils réussirent enfin à rejeter l'ennemi et à s'avancer jusqu'à la station du « général Iankovitch », deuxième station avant l'embranchement de Skopljé (Uskub) avec la ligne de Salonique.

La journée du 15 se passa sans amener de ce côté de transformation importante. Déjà on se reprenait à espérer. Les efforts combinés des troupes serbes et des forces françaises, qui se trouvaient au sud d'Uskub, allaient peut-être débloquer cette ville, c'est-à-dire rouvrir la porte de la prison où nous étouffions de plus en plus.

*
* *

Or, le 16 novembre, quel n'est pas mon étonnement en constatant, à sept heures du matin, que le

(*Photo Betsitch. Communiquée par l'Illustration*)

LA DÉROUTE

Déjà tout est ruiné, les routes, les ponts...
On tente encore de sauver les blessés sur la rive droite de la Morava par un pont de bois presque complètement détruit.

Gouvernement serbe et les légations étrangères, qui s'entassaient depuis quelques jours à Mitro-vitsa, ont quitté précipitamment la ville avant l'aube, ainsi que le quartier général des armées, arrivé la veille seulement de Rachka.

Dans la nuit, de très mauvaises nouvelles sont parvenues, précisément du côté de Katchanik.

Une colonne bulgare, forte d'un régiment d'infanterie, avec plusieurs batteries d'artillerie et de cavalerie, s'est faufilée du village et de Prechevo (sur le front Vrania—Koumanovo) en traversant la vallée de la Vinachka-Morava, où les Serbes étaient peu nombreux. Elle a atteint les hauteurs de Jegliovatz et se trouve ainsi à la fois entre et derrière les forces serbes de Ghilané et celles de Katchanik.

La tenaille austro-allemande-bulgare, dont la charnière est Nisch, dont la pince austro-allemande descend du nord au sud, dont la pince bulgare progresse de l'est à l'ouest, menace de se refermer sur les armées serbes.

L'unique route permettant d'échapper à son étreinte, celle de Priszrend, suit d'abord la ligne ferrée d'Uskub, par Voutchitrn et Prichtina, jusqu'au village de Lipliane. Là, il faut bifurquer à angle droit, pour rejoindre la grande chaussée qui va de Ferizovitch à Priszrend.

Or, de Jegliovatz, les Bulgares dominent ce point de bifurcation, distant d'à peine vingt kilomètres et qu'ils peuvent, d'une heure à l'autre, assaillir, en même temps qu'ils couperaient la ligne ferrée entre les stations de Lipliane et d'Ourochevatz.

C'est donc non seulement l'impossibilité de continuer la résistance à Katchanik, d'où les troupes ne peuvent plus espérer de salut que dans une retraite précipitée, mais c'est aussi la route du dernier refuge, de Priszrend, ville située à la frontière albanaise, tenue sous une menace immédiate.

Aussi l'affolement à Mitrovitsa, au matin du 16 novembre, est-il à son comble. A la suite des autorités, quiconque a encore à sa disposition un moyen quelconque de locomotion y jette en hâte quelques vêtements, quelques vivres et s'empresse de quitter la ville.

A la gare, plus de dix mille fugitifs sont entassés. Il n'y a plus de trains. Le dernier est parti, emportant les bagages et les archives du quartier général.

*
* *

Après une matinée de recherches fiévreuses, j'ai la bonne fortune d'être accepté dans le camion

automobile avec lequel le chef du service des télé-
phones et télégraphes militaires cherche à sauver
quelques pièces importantes de son matériel.

Ce camion est déjà bondé, mais je n'ai plus
aucun bagage. Avec le vêtement que j'ai sur le dos,
il ne me reste qu'un sac de soldat autrichien,
ramassé, au mois d'août 1914, sur le champ de
bataille, lors de la victoire du Tsér et du Iadar.

Il contient quelques biscuits, mon nécessaire de
toilette, une paire de souliers de rechange et une
couverture.

Je vous détaille ma misère, mais je suis encore
un privilégié dans l'épouvantable débâcle. Le dénuement des soldats et du peuple serbes est complet. La plupart, vêtus de haillons, marchant pieds
nus, ne vivent que de choux et de maïs crus !

Mais, toutes les misères, toutes les souffrances
dont j'ai été témoin jusqu'ici ne sont rien à côté
des effroyables choses auxquelles j'ai assisté après
avoir quitté Mitrovitsa...

A cinq kilomètres à peine de la ville, nous trouvons la route barrée par une trentaine de camions
et d'automobiles embourbés.

Des soldats et des groupes de prisonniers
s'efforcent de les tirer de la fondrière.

Seuls, les piétons et les cavaliers réussissent à
passer et Lipliane est encore à une cinquantaine de

kilomètres ! Je désespère de pouvoir y arriver avant les Bulgares.

A la nuit, après quatre heures passées en efforts infructueux pour débarrasser le passage, je pars à pied. Il me faut deux heures de marche, sous une pluie battante, pour gagner Voutchitrn.

*
* *

Le 17 novembre, le jour se lève sur un paysage désolé. La pluie, qui n'a pas cessé, tombe en averses redoublées ; le froid devient plus vif, et, bientôt ce sont des rafales de neige qui couvrent la ville, l'immense plaine de Kossovo et les montagnes qui l'encadrent. Seule, la route est sombre, car elle est couverte par les fugitifs, qui ont passé la nuit sous la tourmenté et qui marchent, en trébuchant, les uns derrière les autres, tête basse, ahuris de fatigue, de souffrance et de désespoir.

Je garderai toujours le souvenir de cette horrible journée, pendant laquelle je traversai, de Voutchitrn à Prichtina, la plaine de Kossovo, qui, déjà, par elle-même, est bien le paysage le plus lugubre qui se puisse voir.

Tous les malheureux qui m'entourent sont épuisés ; surpris par le froid, par la soudaine tempête de neige, ils tombent en grand nombre sur la

(Photo Marianovitch. Communiquée par l'Illustration)

LA RETRAITE DE L'ARMÉE SERBE, A TRAVERS LA PLAINE TRAGIQUE DE KOSSOVO

Au bord du chemin, un soldat chancelle comme un homme ivre, tombe, se relève, puis retombe encore, pour mourir de froid et de fatigue.

route que jalonnent les camions enlisés, les voitures et les chars renversés ou brisés, le bétail et les chevaux morts.

Aucun des tableaux qui évoquent la retraite de Russie ne donne une idée de l'effarant spectacle qui, dans sa réalité tragique, se déroule à perte de vue : un peuple entier, avec les vieillards, les femmes et les enfants, se traîne dans la boue gluante, sous la tempête de neige.

Tout à coup, je bute contre un obstacle : c'est le cadavre d'un vieillard. On le traîne hors de la route et il reste abandonné. Voici une femme étendue sur le marchepied d'un camion embourbé ; elle serre contre sa poitrine un bébé de deux ans, tout raidi. Elle meurt, elle aussi, de froid et de faim. Une fillette (huit ans au plus), grelottant sous un châle en loques, cherche à la relever, puis, affolée soudain par le silence effrayant de sa mère, elle éclate en sanglots et se laisse tomber à genoux.

Plus loin, un petit garçon est accroupi sur le rebord du fossé. Des larmes coulent sur ses joues blêmes et ses dents s'entrechoquent. Je l'interroge. Il a perdu les siens, il n'a pas mangé depuis deux jours ; il ne peut plus marcher. Que faire ? Je lui donne ce qui me reste de mon pain de maïs et je m'éloigne, le cœur serré, incapable de retenir mes larmes.

Toute cette affreuse journée, j'ai vu mourir des êtres humains comme crèvent les bêtes.

Je les ai vus s'affaisser, se relever, retomber, se relever encore, pour retomber définitivement.

La première de ces effroyables agonies me donna l'impression que celui qui mourait sous mes yeux était ivre. Après un suprême effort pour se remettre debout, il balança la tête et agita les jambes, puis ses mouvements faiblirent et cessèrent. C'était fini !

Et la neige tombait toujours, recouvrant les morts et les moribonds et cinglant au visage ceux qui résistaient encore.

LES SUPRÊMES EFFORTS
POUR SAUVER LA PATRIE

LES SUPRÊMES EFFORTS
POUR SAUVER LA PATRIE

—

L'histoire recommence ! Aujourd'hui évoque jadis, tragiquement ! Cette vallée de Kossovo, où succomba, au Moyen Age, l'Empire serbe, est maintenant, pour la seconde fois, devenue le tombeau de la Serbie !

L'armée, jusque-là, avait tenu ! Suivant le conseil donné par les Alliés, elle avait reculé pas à pas, en cherchant, dans la mesure du possible, à garder ses forces intactes, en vue d'une coopération ultérieure avec eux.

Mais après un mois et demi de résistance, l'aide promise n'est pas arrivée ! Par contre, les Austro-Allemands ont reçu des renforts, et, grâce à ces renforts (prélevés principalement sur leurs troupes du front italien), ils ont pu exécuter un mouvement enveloppant sur l'aile gauche des Serbes. Ceux-ci, pour éviter l'encerclement définitif, ont dû précipiter la retraite des forces qui résistaient, dans les montagnes, au sud de la vallée de la Morava occidentale.

Les forces qui luttaient à l'est, contre la poussée bulgare, ont été obligées de suivre ce mouvement de recul.

C'est l'heure de la catastrophe! Pour la conjurer, l'armée serbe n'a plus d'espoir en un secours quelconque.

De recul en recul, elle a abandonné à l'ennemi toutes les villes et tous les villages. Tous, soldats et officiers, y ont tout laissé : leurs biens et leur famille, et, pour eux, la patrie est perdue tout entière.

*
* *

Épuisés, démoralisés, les voici dans l'immense plaine. Là, leurs ancêtres, avant-garde héroïque du monde chrétien, succombèrent glorieusement, après une lutte gigantesque contre l'armée turque du sultan Mourad, cette armée qui « comptait autant de guerriers que la forêt a de feuilles ».

Et les descendants des héros, vaincus par l'écrasante puissance de l'adversaire, maintenant se traînent dans une boue épaisse et glacée, au milieu des bêtes crevées, qui pourrissent dans les champs et sur la route, la route de l'exil jalonnée par les corps des fugitifs, qui, un à un, y tombent pour ne plus se relever.

Abattus et courbés par les souffrances affreuses, ils suivent leur calvaire. Ils passent devant le tombeau du sultan Mourad et devant le tombeau du héros qui le frappa : Miloch Obilitch.

Je les ai vus passer, troupeau lamentable, devant Gazi-Meslan, où la légende veut que « le sang versé coula si fort que l'on combattait dans le sang jusqu'aux genoux ».

Et officiers et soldats répétaient :

« *Kossovo !... Iadno Kossovo !...* » (Pauvre Kossovo !)

Tous concevaient la grandeur du désastre. Tous se rendaient compte que tout effort était vain, qu'il était trop tard, — trop tard pour rien tenter d'utile, — trop tard pour sauver la Serbie.

Un morne désespoir les écrasait. Au passage d'une rivière, gonflée par les pluies et la neige, où il leur fallut, à un gué, entrer dans l'eau glacée jusqu'à mi-corps, j'ai vu plusieurs d'entre eux tomber et se laisser entraîner par le flot, sans avoir la force de se relever, sans en avoir le courage, surtout.

L'armée serbe, en quittant le sol de la patrie, y a laissé son âme.

*
* *

Mais Pierre Ier, le vieux roi intrépide, taciturne et farouche, est encore au milieu des troupes. C'est dans un chariot, traîné par deux bœufs, que, le 18 novembre, je le vis arriver à Prichtina (¹). Il avait dû abandonner dans les montagnes son automobile. Son équipage de misère était conduit par un vieux paysan, qui n'arrivait pas à lui frayer un chemin au travers de la cohue lamentable des réfugiés, de la débâcle des régiments pêle-mêle.

« Si l'armée doit capituler, l'ennemi ne m'aura pas vivant ! » a déclaré le vieux souverain, quand il vit ce spectacle lamentable.

Alors, pour sauver leur roi, pour permettre aux vieillards, aux femmes et aux enfants de passer encore et d'échapper aux Bulgares, officiers et soldats se ressaisirent et tentèrent un suprême effort.

---

(1) A Prichtina, ville à moitié turque et à moitié albanaise, je retrouve le même entassement effroyable de réfugiés, de soldats et de blessés qu'à Mitrovitsa, qu'à Kraliévo, que partout où, pour souffler un peu, l'armée et les fugitifs ont fait halte.

L'exode de la Serbie a eu trois courants principaux : le premier, avec le quartier général et le Gouvernement, a remonté la vallée de la Morava occidentale puis est descendu jusqu'à Mitrovitsa par le couloir de l'Ibar et a continué à fuir vers Priszrend en traversant la plaine de Kossovo.

Le deuxième courant de fugitifs est descendu de Nisch par Prokouplié et Merdaré à travers les montagnes qui formaient l'ancienne frontière serbo-turque.

Le troisième courant s'est précipité d'Uskub et de tout l'Est devant la marche de l'armée bulgare.

C'est à Prichtina que ces trois flots de malheureux se sont rejoints et confondus.

Ce qui restait de l'armée du Timok bondit de Prichtina sur la ligne Lipliane—Ferizovitch, et, sans canons, se jeta à la baïonnette sur les Bulgares, qu'elle repoussa à dix kilomètres en arrière.

Le passage était dégagé. Le Roi put passer, et le flot des fugitifs put continuer à s'écouler vers Priszrend.

Et ce fut la bataille de Katchanik.

Là, j'ai assisté à la mort de l'armée serbe, impuissante à achever, à elle seule, la percée libératrice vers Uskub. La lutte dura six jours. Les troupes, épuisées, se battirent en désespérées. Ce fut une hécatombe. Tous, officiers et soldats, comprenant que leurs efforts étaient inutiles, cherchaient la mort des héros. Pas un seul régiment n'avait de vivres ; bientôt les munitions s'épuisèrent, tandis que les Bulgares, ravitaillés par les Allemands, en avaient à profusion.

Alors, l'une après l'autre, les divisions, ou plutôt leurs débris, se replièrent vers Priszrend, vers l'Albanie et le Monténégro. Et, pour manger, comme il n'y avait plus rien dans le pays ravagé, comme il n'y avait plus une boule de pain dans toute l'armée qui mourait de faim, on dépeça les chevaux et les bœufs, morts le long des routes.

Et puis, il n'y eut même plus de bêtes crevées à manger...

A trente kilomètres de Priszrend, je m'étais arrêté, avec les soldats, auprès d'un « han » (auberge albanaise), afin de laisser passer l'artillerie, que l'on tentait encore de sauver en attelant quatre ou six bœufs à chaque pièce.

Depuis une quinzaine de jours, des milliers et des milliers de fugitifs s'étaient arrêtés là, et les soldats, mourant de faim, fouillaient dans le fumier et la boue, pour y chercher quelques détritus négligés par leurs devanciers.

L'un d'eux trouva un gros os, sec et net comme de l'ivoire ; il s'accroupit à mon côté et tenta de le ronger ; ses dents grinçaient en vain sur la surface polie, sans parvenir à l'entamer ; mais, acharné, il rongeait toujours... affolé par la faim.

*
* *

Le 23 novembre, je suis à Priszrend, où les troupes et les fugitifs se sont accumulés pendant les jours précédents.

La veille, le quartier général, arrivé dans la ville depuis le 17 novembre, a brûlé ses archives.

J'apprends que les Austro-Allemands ont occupé Rachka et Novi-Bazar, le 19, presque sur mes talons. Ils sont déjà à Mitrovitsa.

(Photo Betsitch, Communiquée par l'*Illustration*)

DANS LA PLAINE TRAGIQUE DE KOSSOVO : LE CHARIOT DU ROI PIERRE

Le canon tonne, tout proche, au nord et à l'est, et les Bulgares, eux aussi, avancent rapidement.

Je monte à la citadelle, dont les fortes murailles sont les derniers vestiges du château, élevé ici, en l'an 1200, par l'empereur Douchân, le Charlemagne serbe.

Au-dessous de moi coule la Bistritsa torrentueuse ; à l'est, dans un couloir creusé entre des rochers abrupts, culminent les cimes de la chaîne du Char, toute couverte de neige et qui élève sa haute barrière entre nous et les Bulgares, installés à Tétovo.

Sur la gauche, la ville apparaît, vaste agglomération turque et albanaise, d'où émerge, parmi cinquante minarets, le clocher d'une église orthodoxe.

Dans un coin se cache une chapelle catholique, dont le prêtre est subventionné par l'Autriche.

C'est la dernière étape. Tous ceux qui ont eu la force d'échapper à l'ennemi sont entassés dans Priszrend.

Le 25 novembre, les Austro-Allemands sont à Prichtina. Le même jour, les Bulgares occupent Lipliane avec deux divisions et, se rejoignant avec les premiers, ils enferment dans un encerclement complet tout ce qui est demeuré en Serbie.

Ils ne sont plus qu'à dix heures de marche de Priszrend. La route du Monténégro est coupée.

Celle de Dibra, vers Monastir, l'est également; car les Bulgares sont à Prilep et descendent vers cette ville.

L'exode suprême va s'achever par l'effroyable traversée de l'Albanie, à laquelle le Gouvernement serbe et ce qui reste des armées se trouvent acculés!...

A TRAVERS L'ALBANIE

VERS LES ALPES D'ALBANIE

VERS LES ALPES D'ALBANIE

Le 24 novembre, la situation à Priszrend est désespérée. Le flot précipité qui fuit depuis deux mois a laissé, dans la ville, cent à cent cinquante mille pauvres gens affolés, affamés, épuisés. Ils voudraient, eux aussi, fuir encore, s'évader du cauchemar : ils ne le peuvent plus.

Il n'y a plus de service sanitaire ; les blessés, livides et silencieux, couverts de sang et de boue, au milieu de la foule désespérée qui se presse par les rues, errent au hasard jusqu'à l'épuisement, jusqu'à l'agonie. Il y a des spectacles navrants, des scènes que l'on ose à peine évoquer. Affolées d'horreur, des mères, pour essayer de sauver un enfant, en ont abandonné un autre. Des petits êtres, çà et là, s'affaissent et meurent ; on les voit à peine ; on ne s'en préoccupe pas. Un accablement général, une torpeur d'angoisse et d'indifférence pèse sur tous les cœurs et nulle souffrance ne trouve plus personne pour la prendre en pitié.

Nous ne pouvons plus tenter d'échapper à l'ennemi que par une unique issue, celle de Priszrend à Scutari, à travers cette Albanie du nord, aux montagnes désolées, couvertes de neige, et que peuplent à peine quelques tribus, toutes hostiles, d'ailleurs.

Il faut détruire les dernières automobiles, toutes les voitures, tout le train des équipages. Il faut enterrer ou faire sauter les canons et les munitions. Il faut anéantir tout le matériel, pour qu'il ne tombe pas aux mains de l'ennemi.

On ne peut plus songer qu'à sauver des vies humaines !

Dans un épais massif de cimes escarpées, aux gorges profondes, il va falloir franchir cent soixante-dix kilomètres, sans autres chemins que d'étroits sentiers à peine tracés, par où il est impossible d'espérer évacuer autre chose que des hommes, un à un.

Les femmes et les enfants, qui ont réussi, au prix de quels efforts, à se traîner jusqu'ici, ne pourront plus nous suivre dans cet exode suprême ! Les terribles Alpes albanaises sont réputées si infranchissables qu'au cours des cinq siècles de la domination turque jamais l'armée ottomane n'a osé s'y aventurer !

Et un morne désespoir pèse sur la masse en détresse des réfugiés.

(Photo Marranovitch)

L'ARMÉE SERBE FAIT DES PRODIGES POUR SAUVER SES CANONS

* * *

Au milieu de la panique générale, le colonel Fournier, notre attaché militaire, a réussi à rallier toutes les missions françaises qui se trouvaient en Serbie.

Seule, notre mission sanitaire a eu le temps de partir pour le Monténégro, via Diakovitsa-Ipek.

En hâte, le colonel Fournier réunit et groupe les autres missions : aviation, mécaniciens automobilistes, télégraphie sans fil, qui, toutes, ont été contraintes, comme l'armée serbe, de détruire leur matériel. Il en forme — c'est l'affaire des trois derniers jours que nous passons à Priszrend — un unique détachement.

Une partie de la mission d'aviation manque à l'appel. Au départ de Rachka, en effet, deux camions automobiles, trois tracteurs et le camion-atelier de l'escadrille sont restés en panne ou sont tombés dans les précipices qui bordaient la route de Mitrovitsa.

On avait décidé de sauver au moins les machines-outils du camion-atelier et de les transporter sur des chariots, tirés par des bœufs, à Priszrend, mais les hommes chargés de ce sauvetage furent surpris par la marche rapide de l'ennemi et n'eurent que le temps de rendre le matériel inutilisable et de le noyer dans l'Ibar.

La tempête de neige les a empêchés de gagner Priszrend avant l'encerclement, mais on a pu encore télégraphier à leur chef, le capitaine observateur Tulasne, de les rassembler et de s'échapper avec eux, par le Monténégro, d'où ils devront nous rejoindre à Scutari.

Cependant, le détachement français s'organise. Il est curieusement hétérogène : 3 marins, 94 mécaniciens automobilistes, 125 officiers et hommes de l'escadrille d'aviation, 5 télégraphistes de T. S. F.

Le personnel est, bien entendu, utilisé au mieux de ses aptitudes. Une commission pour l'achat de chevaux de bât est formée avec deux officiers : le capitaine de hussards Mavet et le capitaine d'artillerie Mortureux, tous deux observateurs de l'escadrille d'aviation.

Étant donnés les circonstances et l'affolement général, tout doit être fait en dehors des Serbes, qui ne sont pas en état d'apporter un concours efficace. Tous les officiers ont réuni leurs ressources pécuniaires pour cet achat de chevaux et pour l'achat des vivres et de l'avoine. On rassemble ainsi 18.000 francs.

Dans l'entassement de Priszrend, où la foule affamée des réfugiés cherche à acheter n'importe quoi à n'importe quel prix, ce ravitaillement est une tâche à peu près impossible. Enfin, on réussit à trouver un peu d'avoine, que l'on paie un franc l'ok (1 ^{kg} 250), et dix moutons, dont le troupeau suivra le détachement et lui fournira la viande sur pied.

Comment évacuer les malades? Les transporter à bras? Il n'y faut pas songer. Cependant, personne ne peut admettre l'idée de les abandonner. Il reste encore six aéroplanes! Six aéroplanes capables de voler, bien que, depuis deux mois et demi, ils soient restés, nuit et jour, sous la pluie et la neige!

Le colonel Fournier décide de s'en servir pour transporter, par la voie aérienne, les malades les moins valides, à Scutari... Ainsi fut fait, et, pour la première fois, je crois, des avions assumèrent la tâche des services sanitaires !

*
* *

Pendant ce temps, l'ennemi s'est approché et le canon tonne aux portes de la ville, où il sème la panique et où le désespoir augmente.

Un blessé cherche à troquer un revolver, qu'il a trouvé sur la route, pour un morceau de galette de maïs : « Une belle acquisition pour qui veut se suicider proprement ! » dit-il pour faire valoir l'objet.

Le Gouvernement est parti. Le quartier général doit le suivre demain 26 novembre.

Après une revue en tenue de campagne, les bâts arrimés sur les chevaux, passée par le chef de l'escadrille, le commandant aviateur Vitrat, le détachement français est, lui aussi, prêt à se mettre en route.

Prêt est une façon de parler. Personne, en effet, n'est entraîné à la marche à pied. Nous n'avons pas de tente ni aucun moyen de campement, et nous devrons franchir, dans la neige, des cols à mille mètres d'altitude.

Pas un homme, parmi nous, qui ait l'habitude des montagnes, et ce que nous allons tenter est autre chose qu'un raid de chasseurs alpins et n'a jamais été réalisé par aucune troupe. Tous, enfin, officiers et soldats, sont dans le plus grand dénuement et, déjà, dans un état de fatigue extrême.

Néanmoins, nous espérons que « ça marchera quand même », car nous avons tous la ferme volonté de nous tirer de là et d'éviter la catastrophe, c'est-à-dire d'être faits prisonniers.

Cinq infirmières françaises attardées, qui n'ont pu partir par le Monténégro avec la mission sanitaire et qui préfèrent risquer la mort plutôt que de

Cinq infirmières ayant accompli à pied la traversée de l'Albanie
avec le détachement des missions françaises.

tomber aux mains de l'ennemi, ont demandé à partager nos dangers et nos fatigues, et elles y ont été autorisées.

A la pointe du jour, part le convoi des chevaux : soixante-dix pauvres bêtes peu solides, épuisées déjà par près de deux mois de retraite continuelle.

Nous le rattraperons demain, 26 novembre, avec les derniers autos et tracteurs qui nous transporteront par la route encore praticable jusqu'à Lioum-Koula. Là, nous détruirons ces véhicules, et alors il nous faudra tenter d'effectuer à pied la traversée redoutable de l'épais bourrelet de chaînes, réputées inaccessibles, qui nous sépare de la côte de l'Adriatique.

LE CALVAIRE DES EXILÉS

LE CALVAIRE DES EXILÉS

De Priszrend à Brouti, 26 novembre 1915.

Nous voici en Albanie ! Le pays, dès les premiers kilomètres, apparaît sauvage, inhospitalier, désolé, et le ciel lui-même est hostile !

Dans un jour triste et gris, nous avons quitté Priszrend, à six heures du matin, par la vallée de la Bistritsa. A peine hors de la ville, j'ai retrouvé les mêmes sinistres spectacles de misère, de mort, de désespoir, qui hantent mes regards depuis bientôt deux mois que j'erre le long des chemins de la douloureuse retraite.

Voici, de nouveau, des cadavres sans sépulture, abandonnés au hasard de la route. Voici, jonchant le sol, le bétail et les chevaux morts, voici des voitures brisées, des chariots du train des équipages renversés. Dans le froid glacial, rôde une effroyable odeur, fade, écœurante...

Les « koulé » (fermes albanaises) se font bientôt de plus en plus rares. Sans fenêtres, elles ne prennent jour que par d'étroites meurtrières percées à plus de deux mètres du sol, et sont de véritables forteresses, aux portes bardées de fer et d'aspect menaçant.

Soudain, la route a atteint la vallée du Drim Blanc. Comme nous changeons de région, la neige nous a pris. Elle tombe sans trêve, si drue maintenant, que le filet brouillé des flocons nous empêche de voir à trente pas devant nous; sur le sol, elle noie, de sa blancheur frissonnante, toutes les épaves macabres de la guerre...

*
* *

Cependant, voici le pont de Lioum-Koula, très curieux à voir, avec sa cambrure abrupte au-dessus du torrent qui vient se jeter dans le Drim. C'est là le point terminus de la route et, en conséquence, de notre voyage en auto.

Dans le couloir resserré, où, à cet endroit, aboutit la route, entre la montagne et la rivière, nous retrouvons notre convoi de chevaux, qui, au complet, nous attendait, sous la tourmente de neige.

Une division serbe, la division combinée, s'est arrêtée au même endroit. Elle aussi, pour échapper à l'ennemi, va chercher un refuge dans l'inextricable massif des Alpes albanaises.

Notre détachement — les missions françaises —

(Photo Henry Barby)

VERS LES ALPES D'ALBANIE

Le détachement des missions françaises traverse, homme par homme,
les montagnes désolées d'Albanie.

s'organise définitivement, mais non sans difficulté, au milieu de l'encombrement des troupes, qui obstruent presque entièrement l'étroit défilé, pendant qu'on procède au triste devoir de détruire les autos et les tracteurs, en les culbutant dans le Drim.

L'un après l'autre, les véhicules tombent d'une hauteur de dix mètres et se brisent. L'incendie achève d'anéantir les débris qui n'ont pas disparu sous les flots. Les flammes brillent dans une opaque fumée noire, les explosions des pneumatiques et des réservoirs d'essence se succèdent... Et nous nous mettons en route, à pied, sous la neige, qui tombe toujours à gros flocons...

Homme par homme, maintenant, nous suivons, le long de la rive gauche du Drim, un étroit sentier escarpé en montagnes russes. C'est, paraît-il, le dernier vestige de la via Ægnatia, l'antique route de pénétration romaine qui, avec celle de Durazzo, par Elbassan, servait jadis de voie de pénétration de la côte de l'Adriatique vers la Macédoine.

Et voici le premier des deux ponts des Vizirs, merveilles de l'architecture turque des temps passés. Bien peu d'Européens les ont traversés. En effet, nul voyageur étranger, avant la victoire serbe d'il y a deux ans, n'avait jamais abordé les montagnes de Liouma et de Mirditie.

Figurez-vous un W renversé; un des jambages est plus haut que l'autre, mais ils forment tous deux des angles presque droits, et le plus élevé atteint une soixantaine de mètres au-dessus de la rivière. L'admirable légèreté de l'ensemble n'exclut pas la solidité. Depuis combien de siècles, en effet, ces vestiges d'une opulente civilisation disparue sont-ils abandonnés ainsi, sans aucun entretien ?

Cependant, la traversée est une véritable escalade, et fort périlleuse. La voie est étroite, la neige nous aveugle et nous fait glisser; elle dissimule de nombreuses crevasses. Un cheval et deux hommes, dont l'un tient la bride et l'autre la queue de l'animal, se hasardent seuls, à la fois, dans l'ascension et la descente de chacun des arceaux.

Il nous faut plus de deux heures pour franchir ce passage difficile. Nous nous en tirons enfin sans accidents graves, mais non sans incidents, car nous manquons d'expérience, principalement pour arrimer avec solidité les bagages sur les bâts des chevaux.

Au milieu d'un paysage affreusement désolé, nous suivons ensuite la rive droite du Drim Blanc. A une heure après-midi, nous parvenons à la hauteur du confluent où, réuni avec le Drim Noir, il forme le grand Drim, dont les flots tumultueux se précipitent, après une large boucle au nord, vers Scutari.

Quarante kilomètres ont été franchis depuis le matin, grâce au parcours effectué d'abord en automobile. Pour aujourd'hui, nous nous en tenons là.

Nous sommes trempés des pieds à la tête, tant la tempête de neige, qui n'a pas cessé une minute, est violente. Il nous faut bivouaquer dans la couche blanche, épaisse de plus de trente centimètres, qui couvre le champ où nous nous arrêtons.

*
* *

Derrière nous, le quartier général est passé à Lioum-Koula, le voïvode Putnik, malade, étant transporté à bras, dans une chaise à porteurs fabriquée par ses soldats avec une caisse de voiture.

Une heure plus tard, le roi Pierre Ier est arrivé au même point. Le vieux souverain n'avait avec lui que deux officiers d'ordonnance. Un soldat lui a coupé une branche d'arbre et, sans escorte, aidant de ce bâton sa marche chancelante, il s'est engagé, à pied, dans le même sentier que nous avons suivi, — dans le sentier de l'exil.

*
* *

Cependant, transis, grelottants, les doigts paralysés par le froid, nous tentons d'allumer des feux.

Les feuilles mortes et le bois sont trempés de neige fondue. Pendant trois heures, en vain nous nous époumonons à souffler, de toutes nos forces, dans une fumée suffocante, avec l'espoir de faire jaillir la flamme.

Enfin, les feux prennent et piquent l'obscurité de lueurs mouvantes. Le camp s'anime comme une fourmilière, et chacun travaille.

On soigne les chevaux, dont trois déjà manquent à l'appel. L'un d'eux, malheureusement un de ceux qui portaient les vivres, est tombé dans le Drim. On organise des popotes de fortune. Puis, assis sur des tas de paille de maïs jetés sur la neige, nous formons cercle autour de chaque foyer, qui nous enfume mais qui nous réchauffe et nous sèche un peu.

Vers la nuit, la neige, heureusement, a cessé de tomber. Alors, nous avons pu apercevoir, à une centaine de mètres, le village albanais de Brouti, misérable, aux trois quarts ruiné, et dont, il y a six jours, les habitants ont, paraît-il, massacré quarante-cinq Serbes. Nous faisons bonne garde.

D'ailleurs, bien peu d'entre nous espèrent pouvoir dormir. Ainsi que moi, mes compagnons ne possèdent plus que des équipements bien incom-

(Photo Henry Barby)

LE PONT DES VIZIRS, SUR LE DRIM

La neige en rendit le passage particulièrement difficile.

plets. La plupart n'ont pas de tente et beaucoup même pas de couvertures.

Pourtant, tout à coup, une chanson s'élève : « *Ça ira!... On les aura !...* », chante-t-on auprès d'un feu. Et un autre ténor, à l'autre bout du bivouac, répond qu' « *il connaît une blon...de* »...

Ce sont nos chansons, des chansons de France, et toute fatigue, toute souffrance du moment, toute appréhension des lendemains redoutables s'évanouissent pour faire place à la gaieté et à l'espoir...

*
* *

« Pourvu, me dit soudain le colonel Fournier, que nous ne soyons pas bloqués par la neige dans les montagnes, dont nous n'aborderons la terrible traversée que demain ! »

La question des vivres, plus que toute autre, l'inquiète. Ils sont rares. Nous n'avons, par exemple, en chiffres ronds, que deux cents kilos de biscuits pour deux cent cinquante hommes... Et cette traversée redoutable, d'après les estimations les plus optimistes, doit durer au moins cinq jours !

Or, elle dura huit jours !

SUR LA ROUTE DE L'ÉPOUVANTE

SUR LA ROUTE DE L'ÉPOUVANTE

De Brouti à Spach, 27 novembre.

Après la première étape, relativement facile, nos épreuves vont croître sans mesure.

La nuit glaciale et humide a été une nuit blanche pour la majorité d'entre nous et, pour les quelques privilégiés qui ont pu dormir un peu sous la demi-douzaine de tentes constituant tout notre campement, le réveil a sonné à quatre heures.

Il fait nuit noire. Le branle-bas commence. En même temps la neige maudite reprend et multiplie les difficultés. Le chargement des chevaux surtout est particulièrement pénible.

Enfin, à six heures et demie, quand un petit jour blafard commence à hésiter dans la tourmente, le départ s'effectue en file indienne.

La neige a nivelé le sentier, l'avant-garde de notre colonne y enfonce jusqu'aux genoux, et nous n'avançons qu'avec une peine infinie... et avec quelle lenteur !

Après deux heures de cette marche fatigante, nous apercevons le second pont des Vizirs. Celui-ci a trois arches à pic. Sa traversée, plus périlleuse encore que celle du premier pont, ne s'effectue pas sans de nombreuses chutes. Pourtant, un cheval seulement tombe dans le Drim, mais c'est miracle s'il n'a pas entraîné avec lui les deux hommes qui s'efforçaient de le débâter et de le relever.

Il disparaît dans la rivière qui, entre les berges blanches, semble rouler des flots d'encre. Avec lui nous perdons cent kilos de pommes de terre. C'est une catastrophe !

Le pont passé, toujours dans la tourmente de neige qui nous cingle au visage et nous aveugle, nous suivons une nouvelle fois la rive gauche du Drim, dont le lit se resserre de plus en plus. Le sentier grimpe en pleine roche. Dans l'escalade et surtout dans la descente glissante de ses lacets abrupts, les pertes de chevaux se multiplient, soit qu'ils roulent dans les ravins avec leur charge, soit qu'ils s'abattent, épuisés, pour mourir sur place.

Nous n'avançons plus qu'à tout petits pas et notre colonne s'allonge démesurément. Autour de nous, aucun être humain, aucun symptôme de vie ne se montre, et cette solitude nous angoisse... Mais elle n'est qu'apparente. Nous sommes épiés. Voici qu'à tout moment, comme un signal, quelque coup de feu éclate que répercute l'écho des grands rochers déserts.

(Photo Henry Barby)

SUR LA ROUTE DE L'ÉPOUVANTE

Cependant nous atteignons sans incident, vers trois heures et demie de l'après-midi, le petit hameau de Spach, trois maisons, trois cahutes plutôt, aux murs et aux toits lézardés, bâties au bord du Drim.

Depuis neuf heures nous marchons sans avoir rien mangé et nous sommes harassés. Hélas ! il est impossible de faire halte, car le quartier général est attendu là. Nous devons continuer.

*
* *

Le Drim s'enfonce dans une ravine de rochers qui l'enserrent si étroitement qu'il n'y a plus place même pour un sentier de chèvres, et nous nous engageons en pleine montagne.

Cette fois on grimpe dur, pour arriver enfin, à la nuit tombante, près de la lisière d'un bois, sur un petit plateau situé au milieu d'un cirque de hauteurs escarpées.

Nous camperons là, dans la neige encore, qui, accumulée depuis deux jours, atteint une épaisseur de près d'un demi-mètre.

L'étape a été extrêmement pénible. Nombreux sont les hommes qui n'ont déjà plus de chaussures, et tous ne sont pas arrivés jusqu'ici. L'arrière-garde, avec le capitaine Mortureux, les rassemble ; mais, surprise par la nuit, elle reste à Spach, où le

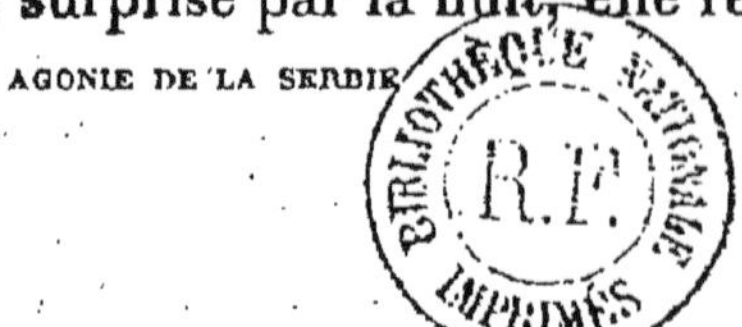

quartier général ne parviendra pas ce soir. Elle nous rejoindra demain, avant le départ.

Le quartier général avait prévu des étapes semblables aux nôtres, mais, dans la tempête de neige, il a ralenti sa marche et nous le « semons » ferme.

Nous ne pouvons pas, en effet, perdre de temps, car nos vivres, je l'ai dit, sont insuffisants. Il nous faut marcher quand même, passer coûte que coûte, sinon ce sera la mort horrible par la faim qui nous guette dans les montagnes où nous sommes à peine engagés.

Comme hier, nous éprouvons les pires difficultés pour allumer les feux, et la nuit depuis longtemps est profonde quand nous réussissons enfin à obtenir, au milieu de beaucoup de fumée, quelques flammes.

Pas d'eau au bivouac. Pour boire, il faut faire fondre la neige ! Le froid est terrible, si terrible que, malgré notre fatigue effroyable, il nous est défendu de dormir. Pourtant, nous sommes exténués, mes yeux se ferment malgré moi... Mais toute la nuit nous resterons éveillés, blottis autour des flammes vacillantes que nous ravivons sans relâche, pour attendre le jour comme une délivrance, le jour où nous reprendrons notre route et secouerons un peu le froid mortel qui raidit nos membres et étreint nos épaules !

LE RAVIN DE LA MORT

LE RAVIN DE LA MORT

De Spach à Fléti, 28 novembre.

Réveil (?) et départ aux mêmes heures que la veille.

— Nous voici en pleine montagne. La neige, qui a cessé de tomber, est durcie par la gelée : une couche de verglas, plus dangereuse que la glace même, la recouvre.

De plus, en pleine route, au sortir du plateau où nous avons campé, nous devons suivre une arête tranchante et éboulée par place. Des chevaux glissent et tombent dans le ravin. Nous piétinons sur place pendant plus d'une heure.

Ce dangereux passage franchi, la rude ascension, par des lacets sans nombre, commence vers le premier col.

A midi, au sommet du col qui aboutit à un vaste plateau boisé de chênes nains, nous faisons halte pour permettre à l'arrière-garde de rallier.

A perte de vue, une multitude de cimes plantent dans l'azur du ciel leurs rudes pointes étincelantes. Sous le soleil qui l'inonde, resplendit à nos yeux le formidable chaos de neige qu'il va nous falloir traverser... Les ouvertures des précipices et des abîmes sans fond y mettent seules leurs taches sombres.

Quelques fermes misérables s'étagent à portée de fusil sur les pentes les plus proches : nous sommes au hameau de Sakati, dont les rares habitants, — les premiers êtres humains que nous rencontrons — nous entourent. Quelle vie solitaire est la leur ! et quelle pauvreté !

Sous la bise glaciale qui bleuit leurs visages, ils sont à moitié nus, mais chacun a un fusil et des cartouches. Avec autant de curiosité que si nous étions une race d'êtres inconnus, ils nous examinent, pleins de malveillance. Seule la force de notre colonne leur impose le respect ; mais malheur aux isolés !

Nous réussissons pourtant, après de longues palabres, à leur acheter un peu de foin pour les chevaux.

*
* *

Nous repartons. Nous descendons maintenant par des couloirs de neige glissante. Puis, il nous faut remonter le lit d'un torrent et, vingt fois au moins, le traverser, d'une rive à l'autre, dans l'eau glacée jusqu'au-dessus des genoux, et, chaque fois, la bise et le froid nous chaussent et nous culottent immédiatement de glace.

Déjà, hier après-midi, nous avions rencontré des cadavres raidis par le froid et drapés de neige ; mais dans ce ravin, quels spectacles d'épouvante !...

Sur les deux rives, des cadavres, encore des cadavres et, chose plus affreuse, des moribonds !

Les cadavres ! nous en avons tant vu depuis tant de jours, que notre pitié, peu à peu, s'est émoussée, mais ces agonisants !

En voici un : ses pieds sont gelés dans ses « opantsi » qui ne sont plus qu'un bloc de glace. Ses mains gonflées sont énormes. Résigné, il attend la fin... Seuls, ses yeux vivent dans sa face déjà morte, ses yeux qui nous regardent pendant que nous passons... Voici, plus loin, un pauvre vieux, une toile de tente sur les épaules. Il me montre ses pieds de glace. Il me parle. Je ne le comprends pas. Bien que je sache mon geste inutile, je lui tends un biscuit. Ce n'est pas cela qu'il veut. Sa main, avec une peine infinie, se lève lentement, son doigt tendu m'indique ce qu'il désire. Je regarde et comprends !

Il me demande de l'achever d'une balle de revolver !

Je passe en hâte. Voici d'autres morts, d'autres agonisants... en voici d'autres encore...

Près du cadavre d'un tout jeune homme, vingt ans à peine, qui, le buste raidi et soulevé sur les coudes, est mort face au ciel que ses yeux restés béants semblent encore implorer — un soldat se traîne. Il est incapable de se tenir debout, mais sur les genoux et les mains, il essaie de continuer à avancer. Il n'a plus de chaussures et les plantes de ses pieds, décollées, pendent comme des semelles arrachées...

Que faire pour ces malheureux qui meurent de faim ou de froid dans cette solitude glacée?

Pendant deux heures, tout le long du ravin, de ce terrible ravin de la mort, l'épouvante et l'horreur nous accompagnent et, à chaque tournant, derrière chaque rocher, nous guettent.

*
* *

Enfin la nuit tombe. Nous l'accueillons avec soulagement, car elle nous cache toutes ces visions affreuses, et nous arrivons au « han » de Fléti.

On nous annonce que ce han est réservé pour le prince héritier. Il arrive, en effet, une demi-heure après nous. Il nous apparaît amaigri, mortellement triste! Chaque jour, il a vu sa patrie devenir davantage la proie des envahisseurs. Comme nous, il est contraint de fuir devant eux.

Notre situation ce soir est la même que les jours précédents. Il va nous falloir, après cette pénible et longue étape, passer une troisième nuit sans abris. Il gèle à 15° et un vent glacial souffle en tempête dans l'espèce de couloir où nous campons.

Les quatre médecins — les docteurs Petit, Garnier, Dumas et Biscos — qui font partie de notre détachement, déclarent que c'est la mort inévitable pour certains d'entre nous, les plus faibles ou les plus épuisés. Le colonel Fournier fait alors une démarche auprès du prince héritier, qui autorise nos malades à coucher dans le han, près de lui.

Pour moi, je passe encore une nuit blanche près d'un feu de bois, dont la fumée, que le vent chasse dans toutes les directions, m'aveugle. Dans mes chaussures, mes chaussettes collées ne sont plus qu'un bloc de glace. Les vivres, l'eau dans les bidons, tout est gelé.

SUR LA MER GLACÉE DES CIMES NEIGEUSES

SUR LA MER GLACÉE DES CIMES NEIGEUSES

De Fléti à Arci, 29 novembre.

Rien ne peut donner une idée de la monotonie désolée et angoissante du massif albanais, véritable mer glacée de cimes neigeuses, dont la traversée, dans les conditions effroyables où nous l'effectuons, exige de chacun de nous une force de résistance physique et morale réellement surhumaine.

Les rares autochtones qui l'affrontent, — encore ne la tentent-ils jamais, ainsi que nous y sommes contraints, aux approches de l'hiver, — ont des paroles significatives pour se saluer lorsqu'ils se rencontrent.

« *A. Kéni mujt?* » (L'avez-vous pu ?) est la question.

« *Po, Kadal, Kadal* », c'est-à-dire : « Oui, lentement, lentement » est la réponse.

Chacune de nos étapes est plus pénible que la précédente. Au cours de cette journée nous traversons, du reste, la partie la plus dure de ce désert de montagnes.

Dès le réveil, qui sonne à l'heure habituelle, nous constatons qu'une trentaine d'hommes du détachement ont les pieds gelés. Ils souffrent comme des damnés. Beaucoup aussi ont les mains couvertes d'ampoules produites par les brûlures du froid.

Le prince héritier Alexandre sort du « han ». Suivi de sa misérable escorte, — une douzaine de cavaliers de la Garde royale, — il s'éloigne, à pied, dans les premières lueurs du jour levant.

Deux de ses soldats, qui ont dû passer la nuit dehors, comme nous, faute de place dans le « han », ne le suivront pas. Ils sont là, à vingt mètres à peine de notre bivouac. Étendus devant les cendres de leur feu éteint, on pourrait croire, de loin, qu'ils dorment encore, mais, raidis dans leurs vêtements durcis par la gelée, ils sont immobiles à jamais. Les malheureux, harassés de fatigue, tous deux seuls devant leur feu, n'ont pas eu la force de veiller, comme nous l'avons fait, cette nuit encore. Le sommeil les a saisis et puis, sans même qu'ils s'en s'aperçussent, la mort.

Nous nous mettons en route à notre tour, mais pour stopper presque aussitôt devant un précipice, sur lequel un pont suspendu — deux troncs d'arbres branlants — est jeté. La traversée est impossible, une épaisse couche de glace recouvre les troncs. Trente mètres au-dessous, dans un amas de roches éboulées, bouillonne un torrent impétueux.

A la pelle et à la pioche, un passage, un escalier plutôt, est creusé dans la pente verticale du ravin, pour frayer un chemin aux chevaux qui, dans l'eau glaciale où on les force à entrer, se débâtent et se cabrent.

Le colonel Fournier, toujours en tête, est entraîné par le remous ; le commandant Vitrat s'élance à son secours, il bute dans les roches et disparaît, lui aussi... Pendant quelques instants d'effroi, nous les croyons perdus...

Enfin, s'agrippant aux arêtes des roches, ils réussissent à atteindre, mais déchirés et meurtris, la rive opposée.

J'ai réussi, cependant, à traverser le pont en l'étreignant des bras et des jambes et en me traînant lentement.

Tandis que l'on continue à faire passer les chevaux dans le torrent, le reste du détachement suit mon exemple et, sans encombre, franchit, comme moi, cet endroit périlleux.

Nous attaquons ensuite l'ascension du col de Tchafa-Malit (945 mètres). Le temps est clair, le froid extrêmement vif, âpre et coupant. Comme les jours précédents, des cadavres, dans leurs vêtements de glace, bordent notre chemin.

On monte, on monte sans arrêt. A chaque moment l'équipe de tête doit, pour pouvoir avancer, tailler, dans la couche glacée, des degrés superficiels. A sa suite, nous passons. Il nous faut avoir une attention soutenue et qui exige une tension d'esprit continuelle. A la moindre distraction, le pied glisse... et nous côtoyons, sans relâche, des précipices !

La lente ascension nous semble interminable. Mais enfin, dans l'après-midi, nous atteignons le sommet du col et nous commençons la descente plus dangereuse et plus pénible encore que la montée.

Notre but est le « han » d'Arci. Nous n'avons aucun renseignement sur la direction à suivre ; nous marchons à la boussole, et, cependant, nous ne risquons pas de nous perdre. Chaque fois, en effet, que nous demandons, avec inquiétude, si nous ne nous égarons pas, quelqu'un en tête s'écrie : « Un cadavre ! » Ce sont ces jalons qui nous indiquent que nous sommes dans la bonne route !

Nous rencontrons deux larges torrents, qu'il nous faut traverser à gué. Les chutes s'y produisent nombreuses, car, en dépit de la marche, la fatigue et le froid terrible engourdissent nos membres épuisés.

Mes bottes gelées me blessent, et mes jambières sont elles-mêmes des glaçons.

Enfin, la tête de la colonne avec laquelle je marche arrive, comme la nuit tombe, au « han » d'Arci.

Pour la première fois, nous logerons sous un toit. Pour la première fois, nous pourrons dormir !

Il était temps : si nous avions encore dû passer une nuit blanche à la belle étoile, la plupart d'entre nous n'auraient jamais revu la France. Beaucoup manquent à l'appel. A la queue de la colonne, les traînards n'en peuvent plus.

Nous apprenons que quinze chevaux aujourd'hui sont morts ou sont tombés dans les précipices. Leurs convoyeurs, qui tentent de sauver, au moins partiellement, leurs chargements, en transportant à dos d'homme bagages et vivres, sont à bout de forces. Surpris par les ténèbres, ils demandent du secours.

Le capitaine aviateur de Larenty, dont les vêtements, de la ceinture aux brodequins, sont une cuirasse glacée, dans la nuit, repart, muni d'une lanterne, à la recherche des retardataires. Quelques hommes de bonne volonté l'accompagnent.

Dans le « han », cependant, nous nous installons tant bien que mal.

Les Albanais qui, en cas de non-paiement, nous

ont menacés d'une attaque à main armée la nuit même, ont exigé du colonel Fournier douze napoléons, — 240 francs en or, — pour nous laisser nous y abriter !

Comme toutes ces auberges albanaises, ce n'est pourtant qu'une vaste grange où l'on ne connaît ni bancs, ni tables, ni lits. Il n'y a même pas de cheminée. La fumée des feux s'échappe, comme elle peut, par les crevasses des murs et du toit. La vermine, par exemple, y abonde.

Néanmoins, nous nous y trouvons bien, quoique nous sommes enfumés comme des harengs. Nous nous y trouvons même si bien que, après l'arrivée, à neuf heures, du capitaine de Larenty et des attardés qu'il amène, — dans quel état d'épuisement ! ils sont en route depuis quinze heures ! — peu à peu notre garde se relâche. Bientôt, tous, nous dormons, nous dormons d'un sommeil de plomb... Mais les Albanais, eux, veillent et rôdent, silencieux, invisibles... Et, au jour, je ne retrouve, de mon cheval, que le licol tranché net.

Deux autres chevaux, plusieurs harnachements, des sacs et des caisses de vivres ont également disparu.

AUX SOUFFRANCES DU FROID
S'AJOUTENT CELLES DE LA FAIM

AUX SOUFFRANCES DU FROID
S'AJOUTENT CELLES DE LA FAIM

—

D'Arci à Pouka, 3o novembre.

Au petit jour, je quitte le « han » d'Arci avec la colonne.

Mes chaussures, que j'ai eu l'imprudence de mettre à sécher, cette nuit, près du feu, sont, ce matin racornies et dures comme du bois. Je clopine et souffre horriblement.

Les Albanais, en me volant mon cheval, m'ont volé en même temps mes derniers bagages et mes dernières provisions. Je n'ai plus rien.

Les vivres du détachement commencent à manquer ! Il n'y a plus de biscuits que pour un jour... Et nous ne sommes guère qu'à la moitié de la traversée des montagnes qui nous séparent de Scutari !

Presque tous les hommes ont leurs équipements déchirés, arrachés, en loques. Beaucoup sont partis de Priszrend sans linge ni vêtements de rechange. Le lieutenant aviateur Maire, entre autres, qui fait la route vêtu seulement d'un pantalon et d'une veste d'été, et qui n'a ni couverture ni manteau !

* *
*

Et nos infirmières ! Pauvres femmes ! Affublées des défroques militaires les plus invraisemblables, elles font peine à voir, tant leur fatigue est extrême. Cependant, avec une énergie surhumaine, elles supportent nos terribles épreuves et même elles les supportent mieux que nombre d'entre nous. Chaque soir, à l'arrivée à l'étape, parmi elles, il s'en trouve toujours au moins une qui puise encore dans son admirable dévouement féminin le courage et la force de panser les plaies les plus douloureuses, de donner quelques soins aux plus malades, aux plus épuisés.

Ce matin, le ciel est gris. Serait-ce le dégel ? Le dégel qui nous permettrait peut-être d'avancer moins lentement et sans être obligés, à tout instant, de frayer notre route dans la glace ?

La neige, en effet, s'est amollie, mais elle n'en est pas pour cela moins glissante.

Après avoir franchi un premier torrent, nous abordons l'ascension pénible du col de Ani-Raps (889 mètres).

Photo *Marianovitch*. (Communiquée par *l'Illustration*)

LE CALVAIRE DES EXILÉS

Derrière nous, le quartier général passe à Lioum-Koula. Le voïvode Putnik, malade, était transporté à bras dans une chaise à porteurs, fabriquée par ses soldats avec une caisse de voiture...

Le sentier escalade la pente avec parfois une inclinaison de 3o pour cent. Quelques chevaux tombent encore et crèvent sur place.

Puis, à peine redescendus, il nous faut recommencer à monter pour franchir un second col, le plus haut, celui de Kar (964 mètres).

Officiers et soldats sont harassés. Ils ont tous les pieds dans un état affreux. Le détachement se traîne. La colonne s'allonge démesurément et bientôt se trouve essaimée sur un parcours d'au moins dix kilomètres.

De nouveaux chevaux s'abattent. Les pauvres bêtes sont, elles aussi, exténuées par la fatigue et par l'insuffisance de leur nourriture. Il faut alléger la colonne. Les derniers biscuits sont portés à dos d'homme. La grosse préoccupation est de sauver le peu de vivres que nous avons encore et nos couvertures. Le reste des bagages, cantines et valises s'en vont dans les ravins...

Au sommet du dernier col, la vue embrasse, dans son ensemble, le panorama féerique et majestueux de toute la chaîne... Et, là-bas, nous voyons les cimes blanches peu à peu se coiffer de nuages.

*
* *

C'est ensuite la descente à travers d'étroits défilés, pleins d'un verglas terrible, venu avec le soir et qui épuise nos dernières forces. Personne ne tient plus debout et à tout instant quelqu'un tombe et roule dans l'infernal toboggan... Je n'en peux plus. Je me suis attardé, à l'arrière-garde, avec le commandant de Rochefort, une infirmière, un docteur et dix hommes. La nuit descend et nous enveloppe !

Et, tout à coup, plus de piste !

Dans les ténèbres, nous tâtonnons la neige. Nous cherchons les cadavres, les macabres jalons qui nous marquent notre direction ! Un cheval s'abat encore. A la main, on fait glisser les bagages qu'il portait, mais ils se perdent dans un torrent, que nous entendions sans l'apercevoir et où nous tombons presque tous.

Trempés, puis habillés de glace des pieds à la tête, pendant trois heures nous marchons, nous nous traînons plutôt, au hasard, dans la nuit noire...

Je me demande encore comment nous avons eu l'énergie — morale — de surmonter nos souffrances, notre lassitude effroyable, de continuer à avancer...

Enfin, au lointain, des feux ! Avec nos dernières forces, nous piquons droit dessus, en désespérés, à travers verglas, rochers, torrents !

*
* *

Nous arrivons ainsi à Pouka, assez gros village, mais très pauvre. Le « han » est déjà encombré de Serbes, et notre campement, une fois de plus, doit être installé en plein vent.

La scène la plus inattendue s'offre alors à nos yeux. Officiers et soldats, à demi dévêtus et grelottant de froid, tendent leurs chemises et leurs caleçons aux Albanais qui nous entourent.

Bien vite je comprends. L'or ne tente pas ces autochtones. Qu'en feraient-ils ici, où ils vivent isolés, en pleines montagnes, loin de toute route et de toute civilisation? Par contre, les malheureux sont à peu près nus et convoitent nos pauvres haillons ! Pour obtenir d'eux du bois, seule chose qu'ils peuvent nous vendre, — avec quelques galettes de maïs, presque immangeables, — nous leur abandonnons nos dernières chemises et nos derniers caleçons !

Le commandant Vitrat, qui fait offre d'une chemise fort usagée, mais ornée de broderies rouges, obtient en échange, pour ses hommes, de superbes fagots !

VERS SCUTARI TERRE PROMISE

VERS SCUTARI TERRE PROMISE

—

De Pouka à Skut, 1ᵉʳ décembre.

Épuisés par la fatigue et par le manque de nourriture, — pour ménager nos vivres nous ne faisons qu'un repas par jour, et quel repas ! — abrutis par le défaut de sommeil succédant à des étapes effroyables de dix à quinze heures, où, avec d'intolérables souffrances, nous nous traînons, les pieds meurtris, où nous glissons à tout moment sur la glace et dans la neige traîtresse, où, à la moindre inattention, nous risquons la chute affreuse, au fond de l'abîme sans cesse côtoyé, — ainsi nous continuons notre route avec une énergie machinale et désespérée, en plein cauchemar.

Mais j'abrège. Il me faudrait, pour chaque étape, recommencer à évoquer les mêmes images d'horreur, de douleur et de mort.

Cependant, plus nous avançons, plus nos souffrances deviennent insupportables. Les éléments semblent s'être coalisés pour multiplier les difficultés de notre marche, pour briser nos dernières forces, en élevant devant nous barrière sur barrière, dans la désolation sans exemple de cette Albanie hostile !

Écrasé par la fatigue, hier, à peine arrivé au bivouac, je me suis anéanti dans un sommeil si profond que je n'ai pas senti tomber la pluie, survenue au cours de la nuit, en sorte que, ce matin, au réveil, je me suis retrouvé étendu dans un lac de boue et trempé comme une soupe.

C'est le dégel, c'est la preuve que nous atteignons le versant adriatique, et cette constatation a ranimé nos courages.

*
* *

Les plus hautes montagnes sont passées maintenant, et nous pensons avoir achevé la partie la plus rude de notre calvaire.

Illusion !

Lentement, sous la pluie, nous nous traînons. Physiquement, nous sommes à bout de forces. Il a fallu, au départ, abandonner presque tous les derniers bagages (amenés pourtant jusque-là au prix de quelles difficultés et de combien de peines !) pour hisser sur les chevaux ceux d'entre nous dont les pieds sont gelés et ne peuvent plus les porter.

Et nous recommençons à grimper. La rampe, très dure, nous semble interminable. Des brumes grises circulent maintenant autour des cimes, flottent à mi-pente, se nichent dans les anfractuosités et nous enveloppent d'une humidité glaciale, plus pénible que la bise et le froid des jours précédents. Le terrain devient entièrement volcanique et ne présente plus la moindre trace de végétation. Autour de nous, ce sont des roches magnifiques, bleues, vertes, rouges, qui, par endroits, brillent d'éclats métalliques.

Ainsi, pendant des heures, nous allons au milieu d'un prodigieux amoncellement de minerais et de marbre ; mais nous sommes si harassés que chacun de nous suit, en silence, celui qui le précède et que nous n'avons plus la force d'admirer le décor de froideur désolée et en même temps de féerique richesse qui nous entoure.

Nos regards n'ont qu'une direction : l'Adriatique ! Nous n'avons qu'une idée : y arriver, y arriver le plus vite possible et, pour aujourd'hui, notre seul désir est d'atteindre, avant la nuit, le village de Gomsitch, où, paraît-il, les moines hospitaliers d'un monastère italien, perdu dans ces montagnes, nous hébergeront...

*
* *

Hélas ! si la montée a été épuisante, la descente

est terrible ! La pente est couverte, tantôt de gros galets ronds, qui roulent sous nos pieds meurtris, tantôt de pierres coupantes qui arrachent ce qui reste de nos chaussures et nous blessent cruellement.

Hommes et chevaux tombent à qui mieux mieux. Nous faisons à peine un kilomètre à l'heure. L'un après l'autre, nous nous abandonnons sur les roches, n'en pouvant plus. Et, à la chute du jour, la tête de la colonne doit faire halte dans une clairière, au fond d'une cuvette entourée d'un bois de petits sapins. Personne de nous n'a plus la force d'avancer. Pourtant, dans la nuit, tout le détachement, homme par homme, rallie le bivouac. C'est un véritable miracle d'énergie, car il en est qui, pour rejoindre, ont dû se traîner sur les mains et les genoux, à travers le chaos des roches.

Parmi les derniers arrivés est le Dr Dumas, qui s'est fait une entorse et qui, blanc comme un linge, défaille dans mes bras.

Après une nuit pendant laquelle la pluie est tombée sans répit, mais, moins redoutable que le froid, ne nous a pas privés de repos, nous repartons avec l'espoir d'arriver enfin à cette terre promise : Scutari.

ENLISÉS DANS LA BOUE

ENLISÉS DANS LA BOUE

De Skut à Scutari, 2 et 3 décembre.

Or, nous ne devions pas encore, ce jour-là, arriver à Scutari.

Au départ, nous retrouvons les atroces cailloux de la veille, mais, bien que les blessés et malades forment maintenant la moitié au moins du détachement, le moral, auquel, d'ailleurs, nous devons uniquement d'être tous arrivés jusqu'ici, est resté ferme.

Nous savons que nous n'avons plus à passer que des cols peu importants.

Pour la dernière étape — c'est alors du moins notre conviction — le fanion bleu-blanc-rouge a été déployé, et nos trois couleurs, qui flottent pour la première fois sans doute en Albanie, nous entraînent à une allure plus vive, dès que le sol devient un peu moins pénible.

D'abord, nous suivons, à flanc de montagne, la vallée d'une rivière torrentueuse, la Gomsitché que nous franchissons deux fois sur de vieux ponts turcs, indices que nous approchons enfin de lieux moins déserts.

Mais, plus loin, quelques centaines de mètres à peine, après avoir dépassé le couvent de Gomsitch, que nous n'avons pas pu atteindre hier, il nous faut traverser la rivière à gué.

Sans hésiter, car nous espérons tous en avoir fini ensuite avec les gués et les passages difficiles, nous entrons dans le courant jusqu'à la poitrine. Bien entendu, des chevaux tombent. Ils sont en péril, au milieu de la rivière, et, pour les sauver, il faut se jeter à l'eau complètement.

Ensuite, le sentier s'élargit. C'est déjà presque une route. Le paysage change d'aspect, devient moins sauvage. Enfin, voici des habitants, de la vie !

Et, soudain, nous débouchons dans la vallée du Drim, que nous avons quittée le 27 novembre, pour couper droit à travers les montagnes, et nous arrivons au village de Vàoudegns, un vrai village ! Il y a des maisons qui ne sont plus des huttes ! Il y a des maisons en pierre !

Nous y trouvons des officiers monténégrins. En apercevant les couleurs françaises, leur accueil est chaleureux, enthousiaste même. Ils ont installé un bac sur le Drim, qui coule entre deux falaises de montagnes, dont il lèche les roches à pic.

C'est ici un large fleuve, au courant violent. Sur

le bac, hommes, chevaux et moutons — car il nous
reste trois moutons, notre ultime réserve — le tra-
versent. Alors, dans une lumière grise et transpa-
rente, l'immense plaine de Scutari apparaît à nos
yeux, bordée de monts lointains, dont les arêtes
dentelées se profilent, grises, sur le gris du ciel,
en demi-teintes, estompées par la brume légère.
Nous nous croyons sauvés !

*
* *

Hélas ! nous comptons sans la pluie et sans
l'inondation ! Cette étape devient bientôt la plus
dure et la plus pénible de toutes nos étapes !

Peu à peu, à mesure que nous descendons vers
la plaine, la boue augmente, et bientôt nous trouvons les routes transformées en fleuve de boue où
nous enfonçons jusqu'aux genoux.

Soudain, en avant, un cheval disparaît jusqu'au
poitrail. Seule, sa tête émerge encore.

Nous tentons de prendre sur notre gauche, puis
sur notre droite. Plus de vingt fois nous traversons
des rivières devenues des lacs, des ruisseaux qui
sont des rivières, toujours nous retrouvons la boue.

Un homme s'enlise. A grand'peine nous le sau-
vons, mais ses bottes restent dans le tombeau de
fange où lentement il s'enfonçait.

Nous n'avançons plus, la nuit descend, une pluie battante tombe. Nous sommes perdus au milieu d'une immense mer de vase, dans laquelle disparaissent nos trois derniers moutons. Les chevaux, bâtés depuis plus de douze heures, se couchent. Il nous faut abandonner nos derniers bagages...

D'après la carte, nous ne sommes plus qu'à quatre kilomètres de Scutari.

La ville est là, tout près, et nous ne pouvons l'atteindre !...

C'est en vain que nous voudrions marcher, nos pieds, collés au sol, englués dans la fange, n'obéissent plus à notre volonté.

La boue nous tient et ne veut pas nous lâcher. Nos suprêmes forces s'épuisent... Dans la lourde nuit qui pèse sur nos épaules, une affreuse angoisse nous suffoque.

Et lorsque, à bout de souffle, nous stoppons, la boue, lentement, nous conquiert. Elle atteint nos chevilles, puis monte aux genoux...

Allons-nous mourir là, enlisés dans cette tombe immonde, maintenant que nous touchons au but ?

Des cris de détresse s'élèvent dans l'obscurité. Des voix appellent au secours, faiblement...

Les uns s'égarent, les autres tombent...

Un cri s'élève, lointain :

— A moi !... La caisse de comptabilité se noie !
La caisse de comptabilité ! Oui !

C'est un marin, un brave gars, auquel, depuis
le début de notre exode, ont été confiés les rapports et les papiers de l'escadrille d'aviation, qui
appelle ainsi.

On arrive près de lui... Il porte la caisse sur sa
tête, la défend en désespéré contre le flot de fange !

Les heures passent, effroyables...

Enfin, alors que nous désespérons tous, une
lumière tremblote à quelque cent mètres. Je m'y
traîne à grand'peine. Je devine un village qui
émerge du limon, c'est Koutchi. Il est onze heures
de la nuit. Nous marchons depuis dix-sept heures.

Dans une ferme albanaise, où nous trouvons
l'hospitalité, — la tête de la colonne, du moins,
car toute notre arrière-garde manque à l'appel, —
nous nous affalons, harassés, sans avoir la force de
manger les quelques aliments que l'on nous offre :
du fromage, des poireaux crus et de la galette de
maïs...

*
* *

Le lendemain, 3 décembre, seulement, après
avoir encore passé un fleuve, le Kiri, dans l'eau
jusqu'à mi-corps, nous achevions enfin l'effroyable

traversée de l'Albanie du nord et nous entrions à Scutari.

Notre arrivée lamentable, nos loques de vagabonds, d'où la boue dégoutte sur nos talons, nos visages d'affamés, envahis par le poil et creusés par les privations et la fatigue, notre aspect sordide et hirsute, plongent ceux qui nous voient passer dans une stupéfaction profonde, malgré l'habitude qu'ils ont de spectacles de ce genre.

Nos jambes flageolantes ne nous portent plus, nous titubons comme des gens ivres ; nous butons à chaque pas contre les pierres ou dans les trous des ruelles défoncées. La traversée des faubourgs nous paraît interminable.

Enfin, voici des rues et des trottoirs ! Voici le quartier européen : une vraie ville, avec de vrais magasins où l'on vend de quoi manger !

Et nous entrons dans l'immense caserne, que les Turcs avaient fait construire en plein centre de Scutari et où, à notre grand étonnement, mais avec un soulagement profond, nous retrouvons notre arrière-garde. Plus heureuse que nous, elle est arrivée hier, dans la nuit, grâce à un guide albanais, qui, après un assez long détour, la fit passer à flanc de coteaux et lui évita ainsi l'enlisement épouvantable dans la plaine de boue où, en pleine obscurité, nous avons failli trouver une mort affreuse.

Le commandant Dangelzer et ses officiers pilotes sont là. Ils n'ont mis, eux, sur leurs aéros, qu'une heure et demie pour franchir le ciel lourd de neige et de mort de cette Albanie de malheur, où nous nous traînons depuis huit jours !

Ils nous étreignent, nous embrassent, nous disent leur angoisse en ne nous voyant pas arriver. Par leurs soins, une soupe fumante nous attend. Comme des loups affamés, nous nous précipitons sur tout ce qui se mange. Puis, c'est la réaction, nos nerfs trop tendus qui se brisent... C'est l'effondrement !...

A SCUTARI

A SCUTARI

4 décembre.

Scutari, Skadar pour les Serbes, Chkodra pour les Albanais, participe à la fois d'une ville turque (elle en a le cachet et les tares), avec son bazar boueux et ses places immenses, qui sont d'anciens cimetières abandonnés ; d'une ville albanaise, avec ses maisons bâties comme des blockhaus et capables de soutenir un siège, et d'une ville européenne, où l'occupation internationale d'avant la guerre a laissé comme principales traces les appellations des rues qui, suivant qu'elles avoisinent les diverses légations, éparpillées un peu dans tous les quartiers, ont des noms allemands, autrichiens, italiens, anglais ou français.

Sa population, 35.000 habitants, est, en grande majorité, albanaise et musulmane : cependant l'Italie et l'Autriche catholiques et le Monténégro orthodoxe s'y partagent, ou plus exactement s'y disputent, une influence instable et précaire.

Jadis, comme tant d'autres villes de la péninsule

balkanique, elle a été une capitale serbe : Constantin Bodine, dont la souveraineté s'étendait, à la fin du onzième siècle et au commencement du douzième, de la Morava à l'Adriatique et de la Save au Drim, y avait établi sa résidence. C'est là qu'il reçut et hébergea le prince sicilien Tancred, avec toute son armée, lorsque celui-ci se rendit à la première croisade. Et la vieille forteresse, démantelée par le temps, et dont les murailles, semblables à des frises de théâtre, dominent encore la ville, est une antique forteresse serbe.

Aujourd'hui, après tant de siècles écoulés, après tant de victoires et de gloires anciennes ou récentes, Scutari, berceau d'une des ères de plus grande puissance de la Serbie, abrite l'exil de cette nation de héros.

C'est à Scutari qu'est venue mourir la Serbie !

*
* *

Ceci n'est pas seulement un mot et une image.

Lorsque je repris conscience, en effet, après un sommeil léthargique, — qui dura vingt-quatre heures (certains d'entre nous dormirent deux jours et deux nuits sans se réveiller) — lorsque je revins à moi, après la fin du cauchemar qu'avait été notre voyage, Scutari, dans la grisaille d'un ciel brumeux et sale, m'apparut peuplée d'ombres qui semblaient, comme évoquées par un nouveau cauchemar, surgir de l'autre monde.

Ces ombres, ces épaves humaines, qui vaguaient par les rues principales, c'étaient les rescapés du flot de femmes, de vieillards et d'enfants qui avaient, en masse, abandonné villes et villages pour fuir devant les trois armées austro-allemandes et bulgare ; c'étaient aussi les débris de la vaillante armée serbe !

Pauvres soldats et pauvres exilés aux faces creuses et parcheminées, aux guenilles lamentables ! Combien, parmi ceux qui s'étaient mis en route, en était-il resté le long des chemins, sans plus avoir de force pour continuer leur calvaire ? Combien ont disparu dans les ravins, dans la neige, la glace et la boue ? Combien sont morts de misère et de faim ?

Les femmes et les enfants surtout, si nombreux naguère, ne sont plus ici qu'en minorité. Pareillement, je ne rencontre presque plus de blessés, ces blessés qui, avec leurs dernières forces, tentaient, au début, de suivre la retraite de l'armée, l'exode des fugitifs... Et les récits qui expliquent leur absence reculent encore pour moi les limites de l'horreur.

Pour la plupart, tous ces réfugiés sont passés

par le Monténégro, par la route d'Ipek, moins effroyable, sans doute, que les pistes à peine tracées dans les montagnes de là farouche Albanie, bien terrible encore pourtant, puisqu'il leur a fallu monter à 2.000 mètres pour traverser les glaces du Tchakor et que quelques milliers à peine de fugitifs ont réussi à arriver jusqu'ici, sur les centaines de mille qui étaient partis...

Dans leur foule morne et abattue, où toutes les classes sociales se confondent, rivalisant de souffrances, de misère et de désespoir, des gens que, naguère, j'ai connu riches, n'ont plus aujourd'hui de quoi louer un logis, si humble soit-il, et sont couverts d'innommables guenilles.

Voici un député, membre influent de la Skoup-tchina. Il appuie sa marche chancelante sur un long bâton coupé le long de la route, et sur ses épaules maigres une couverture boueuse et effilochée lui tient lieu de manteau.

Tous, dans leurs yeux atones et comme décolorés, gardent la même expression de stupeur profonde, de morne effarement. Tous pleurent la mort de parents ou d'amis... Tous sont en proie à la même pensée obsédante, qui domine leur désespoir et déchire leur cœur : le souvenir de la patrie perdue.

*
* *

Parmi cette foule à bout de forces et de courage, et qui, avec ses haillons indigents, semble quelque mascarade de détresse et d'horreur, je rencontre des Français : voici le Dr Lépinay qui, depuis trois ans, a, comme moi-même, assisté aux campagnes serbo-turque, serbo-bulgare, et enfin à cette épouvantable et dernière guerre. Tous deux, face à face, nous hésitons à nous reconnaître, car je suis pareil aux autres : une épave humaine !

En quelques mots, il me décrit cet exode, également lamentable, des civils et des soldats qui passèrent par le Monténégro. (Ce fut vers la même époque où j'arrivais à Priszrend.) Il me décrit son entrée avec les ministres étrangers et la mission sanitaire française à Ipek, où la ville, encombrée par la file interminable des convois de la « komora » (train des équipages), était envahie par les troupes et toute une multitude de fugitifs. Plus d'hôtel où loger. Rien à manger. Comme toujours et comme partout, la misère et la famine.

Comme Lioum-Koula, Ipek (Petch en serbe) a été le bûcher de l'armée serbe, car après Ipek les routes manquaient.

Ordre fut donc donné de brûler des milliers de voitures et de chars, des monceaux d'approvisionnements et de faire sauter la plupart des canons avec leurs munitions, puis de se retirer dans les montagnes albanaises sans chercher davantage à combattre, puisqu'il ne restait plus aucune chance de vaincre. En cette matinée désespérée de novembre, on fit jouer les musiques militaires sur la grande place pour remonter le moral des soldats. Tandis que les airs nationaux et les marches ranimaient un peu la triste bourgade et laissaient croire aux Albanais que les Serbes redevenaient victorieux, les explosions et les crépitements d'incendies se succédaient, pareils à des refrains, et marquaient la fin de la lutte.

Le lendemain, le ministre de France et les autorités monténégrines s'engagent dans la montagne, car l'ennemi approche. En même temps arrivent les familles françaises de la colonie de Bor, dont j'ai déjà parlé, cent vingt personnes, qui, depuis deux mois, se traînent sur toutes les routes de la retraite.

C'est alors dans Ipek, au milieu de l'encombrement fou, du désordre et du vacarme, l'achat, à n'importe quel prix, d'ânes et de chevaux.

*
* *

La neige tombe en tempête, et, dans les défilés qui montent au Tchakor, les hommes, dit-on, meurent comme des mouches. Cependant il faut fuir : les

(Photo Henry Barby)

LE RAVIN DE LA MORT

Austro-Allemands et les Bulgares ne sont plus qu'à quelques heures de la ville.

Les hommes encore valides se décident à tenter le passage. Les plus faibles, ainsi que la plupart des femmes et des enfants, restent, le désespoir au cœur, sous la protection de Kerim bey, notable Albanais, que les autorités monténégrines ont, en partant, nommé gouverneur de la ville.

Mais toute la nuit les projecteurs bulgares éclairent Ipek... Le lendemain, comme le Dr Lépinay se met en route avec sa femme et ses deux enfants (que portent à bras deux prisonniers autrichiens), plusieurs dames de la colonie de Bor se joignent à eux. Elles ne peuvent se résigner à tomber aux mains des Bulgares et préfèrent affronter la mort avec leurs enfants.

La petite colonne, composée ainsi de vingt-deux personnes, se mit en route. Hélas ! elle fondit bien vite, malgré les secours qu'elle trouva auprès des officiers et des soldats serbes, pourtant privés de tout eux-mêmes, et qui hébergèrent les femmes et les enfants, leur donnèrent leurs derniers vivres avec une abnégation admirable et sans jamais vouloir accepter la moindre rémunération.

Le Dr Lépinay me cite des noms de la liste de deuil. C'est Mme Lhéridon, que l'on dut abandonner le premier jour aux soins des soldats d'une « komora ». C'est M. et Mme Richard, qui s'attardèrent et que l'on ne revit plus. C'est, le lendemain, M. et Mme Lépine : ils ont enterré un enfant à Andriévitsa ; eux-mêmes maintenant restent en chemin. C'est enfin M. Ricard qui, à bout de forces, tombe à Bérané. Et ceux qui trouvèrent l'énergie de continuer jusqu'à Scutari furent en proie à une famine de plus en plus menaçante.

« Nous n'avions plus peur d'être faits prisonniers ; nous n'avions plus peur des balles ni des bombes, me dit un autre rescapé, nous ne craignions plus rien que de mourir de faim ! »

*
* *

Les soldats continuent à arriver à Scutari. Certains d'entre eux n'ont plus d'armes. Il en est même qui sont presque en chemise. Ils ont commencé par donner leurs armes pour avoir du pain, puis ils ont donné leurs bottes, enfin leurs vêtements. Ils ont tous l'air épuisés, résignés. La même expression se retrouve sur le visage des prisonniers autrichiens qui passent dans leurs capotes bleues en loques et chaussés de chiffons retenus par des ficelles.

Personne, depuis des semaines, ne s'occupe plus

de ces derniers. Abandonnés à eux-mêmes, ils auraient pu fuir, attendre l'armée austro-allemande. Ils ont préféré vivre le cauchemar de la retraite avec l'armée et le peuple serbes. Ici, on les voit accroupis sur les trottoirs ou sur le pas des portes, faisant la chasse à la vermine qui les dévore ou bien se nourrissant de choses innommables.

*
* *

Les Albanais, qu'ils soient de la ville ou qu'ils descendent des montagnes, n'ont guère de pitié pour l'affreuse misère des exilés; la plupart les regardent avec une dure indifférence et ne leur offrent aucun secours, si faible soit-il.

Mais voici, escortée par des « askers » à cheval (ce sont les gendarmes d'Essad pacha), une voiture qui traverse cette foule au grand trot. C'est le major V..., dont la rude poigne représente ici le Monténégro.

Commandant de la place de Scutari, il a pris en otage les plus riches commerçants et les notables albanais. Il ne les a molestés en rien, mais il a ordonné leur transfert à Cettigné où leurs têtes lui répondent de la tranquillité de la ville.

Et partout des postes ou des patrouilles de soldats monténégrins veillent nuit et jour, baïonnette au canon, sur la foule des réfugiés. Dans cette Albanie farouche, la révolte, avec ses corollaires, le pillage et le massacre, est toujours à l'état latent, toujours à craindre !

L'OBSTINATION SERBE

L'OBSTINATION SERBE

Scutari, 10 décembre.

Scutari, but de tant d'efforts, Scutari vers quoi allaient tous nos espoirs au cours de notre effroyable voyage, nous apparaissait comme une terre promise où finiraient nos souffrances, et nous étions persuadés que notre dernière étape serait l'étape de la délivrance !

C'était une illusion, hélas ! et, dès notre arrivée, nous nous en apercevons cruellement.

Nous sommes épuisés, trempés, couverts de boue ; notre plus grand désir est de nous réchauffer, de nous sécher.

C'est impossible ! Sur la ville pèse une brume malsaine, qui vient de la plaine de fange et qui ajoute à l'humidité de nos hardes. Or, Scutari ignore les poêles et les cheminées. Le seul mode de chauffage qu'on y connaisse est le « mangal », simple réchaud dans lequel quelques braises de charbon de bois se consument lentement parmi un tas de cendres. Les Albanais s'en contentent ; pendant les rares journées de froid, ils s'accroupissent autour de ces maigres foyers, qu'ils attisent de leur souffle, tout en fumant leur éternelle cigarette.

Mais cela même, nous ne pouvons l'obtenir! Il n'y a plus de charbon de bois. La guerre, ici comme partout, a tout dévasté, tout absorbé... Nous devons nous passer de feu, et c'est une amère souffrance. Nous en aurions tant besoin! Nous sommes arrivés dans un état si lamentable! De notre détachement, la moitié des hommes, épuisés par la fatigue et par les privations, doivent rester alités durant une semaine, et il a fallu en transporter à l'hôpital italien une quarantaine d'autres plus gravement éprouvés, ceux, par exemple, qui ont eu les pieds ou les mains gelés.

*
* *

Cependant, notre exode si terrible, à travers le massif albanais, aurait pu être plus tragique encore. Nous n'avons pas été, comme les Serbes qui nous suivaient, attaqués, en route, par les Albanais, avides de pillage.

Ces sauvages montagnards, qu'aucune autorité, aucune loi n'a jamais pu soumettre, estiment la vie — surtout celle d'autrui — sans valeur. Entre eux, de tribu à tribu, c'est une perpétuelle vendetta, une haine constante et féroce, une suite ininterrompue de meurtres. Si deux montagnards albanais, inconnus l'un à l'autre, se rencontrent et s'ils ajoutent au salut la question : « *Nga tsé is yé ?* » (de quelle tribu es-tu ?) très souvent, à peine la réponse faite, les pistolets sortent des ceintures, deux coups de feu se croisent simultanés et deux corps roulent par terre, mortellement atteints.

Que peut compter, pour ces bandes farouches, la vie de l'étranger qui traverse leurs montagnes désolées et qui ne leur apparaît que comme une proie bonne à attendre, à l'abri des rochers inaccessibles, pour l'assaillir et la dévaliser ?

C'est à notre misère, à nos guenilles, à notre bagage réduit à presque rien, que nous sommes redevables d'être passés indemnes au milieu d'eux. Ils nous ont dédaignés, sachant avoir mieux à attendre derrière nous.

Le quartier général serbe qui, en effet, s'avançait avec un équipage autrement important que le nôtre, fut accueilli, tout le long de sa route, à coups de fusil.

Avant même d'être entré en pleine montagne, c'est-à-dire avant l'étape de Spach, il fut attaqué par une bande de pillards. A partir de ce point jusqu'après Pouka (soit pendant un peu plus de trois de nos étapes), tantôt sa tête de colonne, tantôt, et plus fréquemment, son arrière-garde, durent livrer de véritables combats pour traverser les cols, dont les défilés étaient propices aux guets-apens.

Un millier de soldats, tout ce qui restait d'une des meilleures divisions serbes, la division de la Morava, servait d'escorte et de défense au quartier général. Les Albanais blessèrent, tuèrent ou capturèrent — car ils firent des prisonniers, qu'ils relâchèrent ensuite, moyennant rançon — deux cent cinquante hommes et vingt officiers ; ils prirent trois cent cinquante chevaux ou bœufs avec leurs bagages.

*
* *

Dès son arrivée à Scutari, cependant, le quartier général ébauche un essai d'organisation.

L'armée serbe, ayant héroïquement accompli son devoir jusqu'à la dernière heure, s'est engagée dans les montagnes, les débris de chaque unité suivant la direction qui avait été indiquée, sans s'occuper de ce que devenait l'unité voisine.

C'est vraiment une chose admirable que de voir l'énergie déployée par ces officiers du quartier général. A demi morts de fatigue eux-mêmes, sans prendre une heure de repos, ils s'occupent déjà de réunir et de reformer tout ce qui reste de troupes pour continuer à faire face à l'ennemi, pour combattre encore, pour lutter jusqu'au bout, non seulement contre l'envahisseur, mais aussi contre la misère et la mort !

L'âme du quartier général, c'est le colonel Jivko Pavlovitch, un colosse énergique et infatigable, chef d'état-major du voïvode Putnik.

Pour lui, comme pour son chef, la bataille continue. Jusqu'au dernier moment il a résisté, il s'est refusé à admettre la défaite. Aujourd'hui, sur la terre d'exil, sans prendre une heure de repos, il prépare déjà la revanche.

Son influence se fait sentir. Les bivouacs, accrochés à flanc de montagne derrière Scutari, deviennent de plus en plus nombreux. Et, en même temps que l'ordre renaît, le moral des troupes se relève. On ne voit plus, dans les rues, errer à l'aventure des soldats désemparés.

Les unités qui sont passées par le Monténégro ont, par un prodigieux tour de force, réussi à sauver, en les tirant à bras, quelques batteries de canons de campagne et de montagne.

Les autres troupes, qui ont essayé, par l'Albanie, de gagner Monastir, pour se joindre aux Alliés, n'ont pas eu le temps d'atteindre cette ville avant les Bulgares, contre lesquels elles se sont butées. En quarante-huit heures, le colonel Jivko Pavlovitch a réussi à reprendre contact avec elles ét il les concentre autour de Kavaïa, de Tirana et d'El-Bassan.

Le vieux roi Pierre, que je pensais voir arriver à Scutari, est en route pour les rejoindre. Une obstination farouche le soutient; il ne peut se résigner à quitter l'armée. Lui non plus ne s'avoue pas vaincu!

* *
*

Malheureusement, il est un service que le quartier général, malgré toute son énergie, se voit bientôt incapable d'assurer. C'est celui du ravitaillement, dans ce pays où les montagnes glacées sont inaccessibles, où les plaines sont des lacs de boue, où les chemins sont des torrents fangeux.

A Scutari même, les provisions s'épuisent. Plus de farine, plus de pain. Les magasins ont un aspect lamentable avec leurs rayons et leurs vitrines aux trois quarts vides. Pourtant, une foule d'affamés s'y pressent encore et, à prix d'or, se disputent et s'arrachent les dernières denrées.

Un jour, cependant, on avait eu une lueur d'espoir. Des navires chargés de vivres entrèrent à Saint-Jean-de-Médua.

(*Photo Henry Barby*)

EN ALBANIE — SUR LA MER GLACÉE DES CIMES NEIGEUSES

La colonne française déroule son interminable ruban noir à travers les gorges et les pics enlinceulés de neige.

Mais une lointaine et puissante canonnade se fit entendre presque en même temps : la flotte autrichienne coulait, dans le port même, ces ravitaillements tant attendus. Depuis lors, à mesure que les jours passent, la famine devient de plus en plus menaçante.

*
* *

A l'Hôtel de l'Europe où, avec les officiers aviateurs, j'ai trouvé une table peu copieuse, mais présentable au début du moins, prennent aussi pension M. Pachitch et ce qui reste du Gouvernement serbe... Pauvre Gouvernement errant, qui abrite aujourd'hui son exil cruel dans les bureaux de l'Hôtel de Ville de Scutari !...

Cependant, ni M. Pachitch ni ses ministres n'ont perdu courage, pas plus, au reste, que le prince héritier, qui, avec sa maison militaire, est le pensionnaire d'un autre restaurant.

Ils dominent la destinée de toute leur énergie. Ils gardent la conviction que, grâce aux Alliés, ils verront leur patrie, affranchie du joug de l'ennemi abhorré, surgir de l'horreur des jours de deuil, plus grande, plus belle, plus vivante que jamais !

Mais la situation devient critique. Le Gouvernement n'est pas plus favorisé que la masse des réfugiés, et, un beau jour, il n'y a pas plus de pain sur sa table que sur la nôtre.

Il faut quitter Scutari. Il faut recommencer encore la vie errante par des routes incertaines et périlleuses. Il faut descendre le long de la côte où, nous le savons, c'est encore l'inondation et la boue, pour atteindre un port : Saint-Jean-de-Médua ou Durazzo, ou bien même, plus loin encore, Valona. Là, nous attendrons le navire sauveur qui nous emportera enfin loin de l'enfer dans lequel nous nous débattons depuis deux mois !

VERS DURAZZO

VERS DURAZZO

Du 13 au 16 décembre.

...Avoir fui, pendant ces deux mois d'atroce cauchemar devant l'ennemi, que précédait sa terrible alliée, la faim ; avoir surmonté à force d'energie toutes les difficultés que la nature et les éléments nous opposaient ; avoir triomphé des montagnes sauvages, des précipices et des inondations, de la pluie, de la neige et de la glace, — il n'y a qu'à travers le feu que nous ne soyons pas passés ! — avoir réussi miraculeusement à échapper à la mort, embusquée sans cesse et partout ; avoir autant souffert en quelques semaines que pendant toute une existence... et arriver enfin !... pour, à Scutari, retrouver encore, au lieu du repos, la famine et ses horreurs, n'y avait-il pas là de quoi abattre les courages les mieux trempés ?

Et voici que viennent s'ajouter aux angoisses de la faim de nouvelles épreuves, de nouveaux périls.

Un jour, à l'horizon, apparaît un aéro. Il monte dans la lumière du pâle soleil, qui a enfin dissipé le brouillard. Le ronflement de son hélice emplit l'espace. Il avance sur la ville, et les Albanais se mêlent aux réfugiés pour suivre dans le ciel le vol de l'oiseau, qu'ils croient être l'un des nôtres.

Soudain, une explosion retentit..., puis d'autres... Des cris, des gémissements leur succèdent. A terre gisent des femmes albanaises, des enfants... L'avion est ennemi. Il est venu semer la mort et la panique.

Les pauvres aéroplanes français, hélas ! nous n'en avons plus que quatre, des rescapés, eux aussi, et dans quel état, depuis deux mois et demi que, sans hangars, il reçoivent la pluie et la neige ! Maintenant, toujours sans abri, il achèvent de se pourrir, et sans mitrailleuses, avec leurs vieux moteurs poussifs, ils ne peuvent rien tenter pour éloigner l'oiseau de proie.

Et les Albanais, détrompés, furieux, se mettent à accabler les Serbes, qui, par leur présence, sont cause de cette nouvelle calamité. Désormais, les cloches de la ville ne sonnent plus que pour annoncer l'arrivée des sinistres oiseaux, qui viennent, quelquefois trois ou quatre ensemble, jeter la terreur dans la foule et y faire de nouvelles victimes. Et, sur Scutari, dans l'atmosphère lourde d'angoises et de deuils, c'est un glas lugubre et continuel...

*
* *

(*Photo Marienovitch. Communiquée par l'Illustration*)

PIERRE DE SERBIE, ROI DE LÉGENDE

Aidant d'un bâton sa marche chancelante, le roi Pierre,
comme ses soldats, a traversé à pied l'Albanie glacée et désolée.

Alors l'exode recommence, se poursuit plutôt, tant le répit fut bref. Ce n'est plus, à travers les montagnes, dans le froid et la neige, que l'on fuit maintenant. C'est le long de la côte adriatique, dans la plaine inondée qui n'est plus qu'une immense fondrière, où l'enlisement sournois guette les voyageurs, où les ruisseaux sont des fleuves impétueux, qu'il faut franchir à la nage, où les rivières sont des bras de mer.

* *
*

Le 13 décembre, je quitte Scutari, pour tenter de gagner Durazzo à cheval. Il est 7 heures du matin. La pluie menace.

La route — car il y a une route, de Scutari à Alessio — passe entre l'embarcadère du lac et le pied de la vieille forteresse démantelée qui se dresse là-haut, au sommet d'une falaise de rochers. Tout est désordre et confusion, et je me fraie péniblement un passage parmi la foule des fugitifs qui comme moi, s'éloignent de Scutari.

Je vais seul, maintenant, sur la route plate, avec le gendarme que le quartier général m'a donné pour escorte jusqu'à Durazzo, ou jusqu'à Valona, si je suis contraint de descendre jusque-là.

* *
*

J'ai laissé à Scutari tous mes amis, tous mes compagnons d'épreuve et de misère — ceux dont j'ai cité les noms — et les autres : le capitaine Carbonnier, le lieutenant Carlier, infatigables seconds du colonel Fournier, notre attaché militaire ; l'adjudant de coloniale Rivron, à qui je dois de ne pas être tombé aux mains des Austro-Boches à Kraliévo, un dur à cuire qui en avait déjà vu de toutes les couleurs sous toutes les latitudes et qui, aux pires moments de notre effroyable voyage, se contentait de répéter : « Jamais je n'ai passé par aussi dur. »

Et les intrépides adjudants pilotes Sérès et Peté, qui livrèrent des combats mémorables et victorieux aux avions ennemis, et dont je partageai la tente et la popote à Rachka.

Et Joly, le sous-officier qui suivit toute la retraite avec trois côtes cassées, après s'être enfui de l'hôpital, pour ne pas être fait prisonnier par l'ennemi.

Et le petit caporal James de Rothschild, engagé volontaire, qui, dans les moments les plus pénibles et les plus critiques, garda toujours son sourire de vaillance et de bonne humeur, même lorsque, sur la route de Mitrovitsa, comme je l'ai raconté plus haut, nous faillîmes à deux reprises, en pleine nuit, trouver ensemble une mort affreuse au fond d'un précipice.

Et Largeau, le boute-en-train impayable qui trouvait toujours, aux heures de détresse et de découragement, le moyen de nous faire sourire.

Et le chauffeur Raton, toujours la chanson aux lèvres, toujours prêt au plus dur travail, et qui, ayant les pieds et les mains gelés, se contenta de s'exclamer : « Ah ! maintenant, si jamais quelqu'un me traite d'embusqué, qu'est-ce que je lui mettrai sur la... figure ! »

Et Daubert, le mécano de Pantruche, qui m'aida comme un frère, dans les montagnes albanaises.

Et tous les autres, enfin : ceux de la tribu du « Méchouï », qui avaient encore quelques boîtes de singe qu'ils partagèrent avec moi, — et ceux de la tribu rivale, qui ne fut pas moins généreuse, la tribu « du lait concentré » ! Car, au milieu des pires épreuves, tous ces vaillants trouvaient encore la force de plaisanter et avaient baptisé de surnoms imprévus et cocasses chacune de leurs escouades !

A Scutari, — qui, dans l'éloignement, m'apparaît maintenant comme une grande épave échouée au bord du lac, — tous sont restés, y attendant (avec quelle impatience !) l'ordre qui leur permettra, à eux aussi, de gagner la côte, de s'embarquer pour la France...

*
* *

Ma première journée de route se passe sans autres incidents que quelques coups de fusil tirés « pour le plaisir » par les « askers » d'Essad pacha, chargés d'assurer la police de la contrée. A la nuit tombante, je franchis le Drim sur le grand pont de bois lancé près de son embouchure, à l'entrée d'Alessio.

La petite ville, une trentaine de maisons habitables, regorge de troupes serbes. Néanmoins, grâce à une lettre — hiéroglyphique pour moi — que m'a donnée un Albanais influent de Scutari, je trouve asile dans la maison même du président de la municipalité, un Albanais musulman, qui met une pièce de sa propre demeure à ma disposition.

Mais, après cette première et facile étape, le voyage, dès le lendemain, allait redevenir terriblement pénible.

Pendant quelques kilomètres, après Alessio, la route existe encore, mais ce n'est plus qu'une ruine de route, où les trous sont aussi nombreux que les pavés, et qui disparaît à chaque instant, coupée par les ruisseaux débordés. Sous la nappe d'eau, chevaux et piétons trébuchent et ont grand'peine à passer sans accidents.

Puis, brusquement, ce vestige de route se perd en pleine boue. Il n'existe plus qu'une piste à peine tracée...

En même temps, un véritable cyclone m'enveloppe. Les orages se succèdent, se chevauchent sous la poussée du vent qui souffle de la mer. Je connais, pour avoir été pris dans leur tourmente, les tornades du Sénégal et du Soudan. Jamais de ma vie je ne me suis trouvé au milieu d'une tempête comparable à celle-ci.

De Radoïé, mon gendarme qui, courbé sur son cheval, me suit comme mon ombre, je n'aperçois plus que le bout du nez et un œil qui se montrent par la fente de la toile de tente dont il s'est enveloppé.

La pluie tombe, torrentielle ; les éclairs incessants qui zèbrent les nues nous enveloppent d'une véritable nappe de feu.

Nous pataugeons en pleine eau et pleine boue, au milieu de fugitifs, de soldats, de prisonniers pêle-mêle qui s'aident mutuellement, et se portent secours. Il n'y a plus d'ennemis ni de haine de race. Il n'y a plus que des infortunés qui unissent leurs dernières forces pour lutter contre le cataclysme et sauver leur vie.

Pendant plus de deux heures, en plein cyclone, nous longeons la rivière Mati, à la recherche d'un moyen de passage, car son courant impétueux, gonflé par les pluies, n'est plus guéable.

Enfin, en face d'un hameau misérable, des Albanais ont installé un va-et-vient avec deux pirogues accouplées — de véritables pirogues de sauvages, creusées dans des troncs d'arbre — et, après de longs pourparlers, ils acceptent, moyennant quelques pièces blanches, de nous transborder sur l'autre rive.

Dans ce hameau dont le nom est Gourzi, je trouve abri dans une cahute de bois et de paille d'un « tchaoutch » (caporal d'askers d'Essad pacha) qui, en apprenant ma qualité de Français et de catholique, me prend en amitié, car il est lui-même catholique. Il m'offre raki sur raki pour me réchauffer, tandis que la tempête continue à faire rage au dehors, et que, devant un maigre feu de brindilles humides, je tente, sans y parvenir, de me sécher et de sécher les deux musettes qui forment tout mon bagage.

*
* *

Le 15 décembre, le voyage se poursuit, aussi pénible, dans la boue de l'inondation. Pourtant, la pluie a cessé, mais il faut encore traverser une lagune, puis la rivière Imchi, sur les mêmes bacs de fortune : deux pirogues accouplées. Mon cheval manque des pieds de devant, tombe à l'eau et passe la rivière à la nage. De nouveau, mes deux musettes et leur contenu deviennent des éponges.

Enfin, à la chute du jour, l'escalade d'une petite chaîne rocheuse de faible hauteur, qui coupe la plaine et s'avance jusqu'à la mer, nous permet de sortir de la boue.

Un village est accroché dans les roches. Nous y trouvons l'hospitalité, moi et quelques Serbes devenus mes compagnons de voyage.

Nous recevons la visite d'Albanais du village. Parmi eux, il y a un vieux qui lit l'avenir dans la carcasse du poulet — aubaine inespérée — que notre hôte nous a fait rôtir. Nos visiteurs sont assez inquiétants de prime abord, car tout ce que nous possédons les intéresse et les tente. Mais ces Albanais de la plaine sont de braves gens, quoique bien incultes encore ; pour la plupart, ce sont des hommes intelligents et travailleurs, et fort éloignés comme mentalité des insociables et farouches habitants des montagnes.

Tout se passe le mieux du monde. Ils nous offrent même du tabac, et, quand nous nous étendons sur les nattes pour dormir, ils s'en vont et nous laissent en repos.

*
* *

J'espérais, en quittant Alessio, atteindre Durazzo en trois jours. Hélas ! cette dernière journée fut la plus pénible de ce dernier voyage.

Pendant la nuit, la pluie a repris et dès le départ, le 16 décembre, il nous faut réaliser de véritables prodiges d'équilibre pour achever la traversée des faibles hauteurs où, le long de dangereux précipices, l'argile détrempée glisse sous nos pas.

Le panorama est merveilleux. Derrière, vers le nord, la vue embrasse la vaste baie de Saint-Jean-de-Médua et l'on distingue, au lointain, la petite agglomération blanche d'Alessio, puis, plus près, l'embouchure de la rivière Mati et toute la plaine marécageuse traversée hier avec tant de peine. Enfin, au pied des hauteurs, la rivière Imchi.

Vers l'est, les cimes du massif albanais s'étagent sur des plans successifs et ferment l'horizon qui s'étend à l'ouest jusqu'à ses confins sur l'Adriatique, calme aujourd'hui comme un lac...

Là-bas, derrière cet horizon, c'est l'Italie, c'est l'espoir.

Nous retrouvons la plaine, mais là une vraie fusillade nous accueille. C'est un poste d' « askers », à la physionomie peu rassurante, qui salue notre approche et dont le chef « désire » échanger quelques billets serbes contre une monnaie moins fiduciaire...

(Photo Henry Barby)

Scutari est là, tout près, et nous ne pouvons l'atteindre.
Nos pieds, englués dans la fange, n'obéissent plus à notre volonté.

Nous nous en tirons avec une poignée de pièces d'argent. Quelques minutes de trot dans la plaine inondée nous éloignent de ces vigilants gendarmes, et nous entrons dans un taillis de chênes nains qui nous cachent à leurs yeux.

Soudain, nouveaux coups de fusil. Encore un poste d' « askers ». La contrée est bien gardée, trop bien même, à notre gré. Ceux-ci s'amusent à viser un but qui émerge de la boue à une centaine de mètres de la piste que nous suivons. Pour montrer sans doute leur adresse, ils continuent à tirer pendant notre passage, et leurs balles sifflent à nos oreilles cómme un essaim de guêpes menaçantes.

Ensuite, à perte de vue, la plaine n'est plus qu'un lac, dont la nappe d'eau cache à notre vue le chemin, les trous, les fossés et même les rivières... Et mes compagnons et moi-même faisons à tour de rôle des pleines eaux aussi dangereuses qu'inopinées.

Trempés des pieds à la tête, poussant nos chevaux harassés de fatigue, nous cherchons en vain un passage et la nuit approche.

Enfin, un jeune bûcheron albanais a pitié de nous et consent à nous tirer de notre situation périlleuse ; mais il nous faut faire un long détour jusqu'aux montagnes qui s'élèvent à l'est de la côte, et c'est encore, pendant une heure et demie, une marche affreusement pénible, d'abord dans l'eau, puis dans une boue si épaisse, que deux fois mon cheval s'embourbe et tombe, m'entraînant dans sa chute.

Finalement, mais couverts de fange des pieds à la tête, nous atteignons, grâce à notre guide, la route empierrée et construite à flanc de coteau qui va de Tirana à Durazzo. Nous sommes sauvés !

Pourtant, nous ne pouvons plus compter arriver à Durazzo. Il fait nuit noire.

La route, très bonne, nous permet néanmoins de pousser, malgré l'obscurité, jusqu'à la petite ville de Chiac, où nous couchons dans un « han ».

Durazzo n'est plus qu'à une heure et demie de marche.

CHEZ ESSAD PACHA

CHEZ ESSAD PACHA

Nous sommes le 17 décembre. Voici cinq jours
déjà depuis que j'ai quitté Scutari, cinq jours de
voyage épuisant à travers l'eau, la boue et les marécages, sous des orages furieux.

Mais le ciel, ce matin, est splendide. Les lourds
nuages de pluie se sont évanouis, et soudain,
comme j'atteins le sommet d'une côte, la mer
m'apparaît aussi bleue que le ciel, et voici là-bas,
semblant sortir de la mer même, et étagée à flanc
de coteau sur une presqu'île reliée à la côte par
une étroite bande de terre, Durazzo, toute blanche
sous le grand soleil.

Depuis Chiac, j'ai rencontré de pauvres campements installés dans les champs. On les prendrait
pour des haltes de bohémiens, si ce n'étaient les
mitrailleuses et les faisceaux de fusils alignés. Ce
sont des bivouacs serbes... Pauvre vaillante armée !
Ses soldats, maintenant, avec leurs équipements
indigents, ont des aspects de gueux !

Au sommet de la dernière côte, l'une de leurs
sentinelles, baïonnette au canon, nous arrête. Il

faut ici montrer ses papiers, et, pour passer, il faut laisser ses armes.

Puis, la route descend et forme digue entre la mer et les marécages. C'est la dernière étape, et j'entre, enfin, à Durazzo, capitale et résidence d'Essad pacha.

Dans la grande rue et dans les ruelles adjacentes se presse une foule bariolée, composée en majorité de Serbes, officiers, soldats et civils. Seuls les askers, chargés de la police, sont en armes. La ville, malgré son animation insolite, est tranquille.

Pourtant l'heure est critique. C'est du moins ce que j'apprends au cours des premières visites que je fais. Le ministre de Serbie considère la situation comme désespérée; le représentant de l'Italie est aussi pessimiste, bien qu'avec plus de calme.

Les Bulgares avancent, en effet. Ils sont aux portes d'El-Bassan, où les Serbes — ce qui reste de l'armée du Timok — ne peuvent les arrêter, n'ayant que des canons sans munitions. Or, El-Bassan n'est qu'à deux jours de marche de Durazzo.

*
* *

Mais — et ceci semble un anachronisme dans ce pays — voici une automobile qui gravit en hale-

SUR LE PASSAGE DU ROI PIERRE DE SERBIE

De jeunes recrues de quinze à dix-sept ans, sans armes,
entourent le caisson attelé de bœufs qui porte le souverain.

tant l'ancien chemin de ronde de la vieille forteresse turque, dont il ne subsiste que les énormes
murs de briques.

C'est Essad pacha qui se fait conduire à la léga-
tion italienne d'où je sors. Coiffé du fez rouge,
tranquillement assis dans la voiture, calme et souriant, il répond de la main aux saluts que provoque
son passage.

C'est à cet homme que nous tous : Serbes, Français, Anglais, Russes et neutres, membres des
missions militaires ou membres de la Croix-Rouge,
nous sommes redevables de pouvoir échapper aux
Austro-Allemands et aux Bulgares. C'est à lui —
et à lui seul — que nous sommes redevables, nous
et des milliers de prisonniers désarmés, d'avoir pu
traverser, dans une paix relative, l'Albanie sauvage, l'Albanie inaccessible et hostile aux étrangers
depuis la suite des siècles.

Par quel sortilège est-il arrivé, lui le premier, à
faire régner l'ordre parmi ces tribus farouches, hier
encore indomptables? Par quel miracle a-t-il réussi,
en quelques mois, à discipliner cette race inculte,
à imposer le respect de la propriété d'autrui à ces
pillards qui n'ont jamais rendu « ni à Dieu ce qui
est à Dieu, ni à l'empereur ce qui est à l'empereur », et chez lesquels le vol, droit inné, n'est pas
considéré comme une faute? Comment, enfin,

a-t-il pu courber sous le joug de sa volonté l'Albanie, jusqu'alors en rébellion ouverte et constante
contre toute autorité d'où qu'elle vînt?

*
* *

Dès le lendemain de mon arrivée à Durazzo, je
me présente au palais du gouvernement, ce palais
où le prince de Wied, pendant son règne éphémère
et falot, avait établi sa résidence.

Comme je dépasse la sentinelle qui veille à la
grille, une cacophonie de sons stridents éclate.
C'est une douzaine d'askers (la musique du
pacha), qui s'époumonent à qui mieux mieux dans
des instruments de cuivre. C'est à hurler!

Malgré la double haie de gardes armés jusqu'aux
dents, j'entre sans difficulté, et me voici en présence d'un petit homme, tout rond, tout remuant,
qui n'est que paroles et amabilité, et coiffé, lui
aussi, du fez rouge. C'est M. Stavro Stavrou, dont
la carte de visite porte : *Premier drogman de
S. Exc. le Président d'Albanie.*

Quelques minutes plus tard, je suis introduit
auprès du pacha lui-même, qui m'accueille la main
tendue.

Jusqu'alors, tout l'entourage du pacha m'a paru

burlesque. Mon impression se modifie immédiatement dès que je suis en sa présence.

Essad pacha, vêtu à l'européenne d'un simple
complet de chasse, m'apparaît de haute taille et de
buste puissant. Il a à peine dépassé la quarantaine.
Une courte moustache barre d'un trait d'encre son
visage énergique et coloré. Ses yeux ont un regard
droit, assuré, pénétrant. Tout en lui respire la force
et l'intelligence.

Il me reçoit dans un salon du plus pur style Empire..., fabrication viennoise, car le président d'Albanie, dans l'ancien palais du prince de Wied, a
trouvé toute l'installation abandonnée par cette
altesse dérisoire. Essad, d'un geste cordial et
simple, m'offre un fauteuil. Il s'assied dans un
autre, et, pendant tout notre entretien, il jouera
avec un lorgnon qu'il met et enlève fréquemment.

Tout d'abord, mon interlocuteur, qui parle à
peine français, s'en excuse à l'aide des quelques
mots qu'il connaît de notre langue. « Car, dit-il,
j'aime beaucoup la France, — nation aimée, d'ailleurs, par tout le monde, — et chaque jour je prie
Dieu de lui accorder la victoire, à elle et à ses
alliés. »

Je ne peux m'empêcher de lui exprimer mon
étonnement, et aussi mon admiration, pour la tranquillité qu'il a su faire régner en Albanie au moment

même où toute l'Europe est à feu et à sang. Aussitôt il s'anime et me raconte un épisode de cette tâche difficile :

« Le gouverneur de Kroïa, un de mes parents, m'informa un beau matin — il n'y a guère que trois mois de cela — que 5.000 rebelles qui se sont réunis dans sa ville ont décrété ma mort et s'apprêtent à marcher sur Durazzo.

« C'était grave ! Sans hésiter, je suis parti pour Kroïa, et là, j'ai si bien parlé, crié, gesticulé (Essad s'est levé et me mime la scène) que, finalement, ces ennemis sont devenus mes alliés. Ils étaient si bien armés et équipés, que ç'aurait été dommage de ne pas les utiliser ; aussi les ai-je envoyés immédiatement combattre pour moi contre d'autres rebelles. »

Un rire éclaire son visage et il termine :

« C'est ainsi que la plupart de ceux qui, hier, étaient mes ennemis sont aujourd'hui mes askers. »

*
* *

Sans souci d'une étiquette que néglige la cordialité du pacha, nous continuons à causer familièrement. Je lui dis quelle reconnaissance les Serbes et tous les Alliés lui doivent, pour cette pacification d'un pays toujours troublé, et surtout pour le refuge inespéré que, grâce à son autorité, la population serbe, l'armée et tous les étrangers ont trouvé en Albanie.

Le visage expressif d'Essad pacha est redevenu sérieux. Il me répond, et, pendant que mon interprète, M. Spendjopoulo, le drogman de notre délégation à Durazzo, l'écoute, je puis l'observer plus à loisir. Il est hors de doute que, si cet homme à la voix nette et rapide, au geste bref, aux yeux énergiques, est parfois forcé d'user de ruse et d'habileté pour atteindre son but, ce ne peut être qu'avec répugnance et à son corps défendant.

Mais voici qu'à plusieurs reprises je l'entends prononcer le nom de notre généralissime. Essad pacha parle de Joffre.

Et mon interprète me répète ce qu'il dit.

Après avoir tout d'abord exprimé l'admiration que lui inspire notre généralissime et son œuvre, après avoir évoqué la victoire de la Marne, qu'il appelle « la grande victoire des Alliés », il a ajouté :

« Joffre commande l'armée d'un pays où règne l'union et la fraternité ; moi, je me suis trouvé en présence d'un pays divisé, dont une moitié tient pour l'Autriche et l'autre moitié pour la Turquie. Je me suis trouvé seul, avec des idées et des intentions qui étaient tout à fait différentes.

« J'ai eu beaucoup de peine à les faire accepter par toute l'Albanie et, pourtant, j'ai réussi... »

Une nuance d'orgueil a passé dans la voix du pacha. Son autorité, en effet, s'étend aujourd'hui sur presque toute l'Albanie, depuis Scutari, au nord, jusqu'à Valona, au sud. Dans l'intérieur du pays, dans les montagnes même, il a su plier sous sa volonté la plupart des tribus.

La Mirditie lui obéit. Toutes les grandes villes : Kroïa, Tirana, El-Bassan, Bérat, sont gouvernées par des hommes à sa dévotion. Sa main de fer a su mater tous les rebelles. Il leur a pris leurs armes. Il a fait pendre leurs chefs. Les canons dont ses troupes sont aujourd'hui munies sont ces mêmes canons qui, naguère, assiégèrent le prince de Wied et l'obligèrent à chercher piteusement refuge sur un croiseur italien.

***

Et pourtant, les forces dont dispose Essad pacha sont restreintes : quatre à cinq mille hommes, disent les uns; huit mille, prétendent les autres. Le nombre, ici, n'est qu'une question d'argent. Essad, s'il le veut et si ses finances le lui permettent, en aura demain trente mille.

Pour la plupart, ses askers sont des Albanais de

l'intérieur, à l'aspect peu rassurant, il faut bien l'avouer. Guerriers dans l'âme et très adroits tireurs, ils ont, en outre, un mépris absolu de la mort.

Aussi, cette milice où, dans une majorité de fantassins, se voient à peine quelques cavaliers, n'est-elle pas une force à dédaigner.

De plus, le « président d'Albanie » a le prestige d'être le chef de la grande famille des Toptan, une des plus anciennes lignées de la féodalité foncière, qui a toujours dominé l'Albanie. Il est surtout un homme intelligent, actif et fort, qui sait bien ce qu'il veut.

*
* *

Je me lève pour prendre congé de lui, mais à ce moment il me saisit familièrement par l'épaule et m'entraîne vers la fenêtre du salon qui donne sur la mer.

« Voyez ! me dit-il, — et sa main m'indique dans le port quatre voiliers albanais dont seuls les mâts émergent encore des flots, — voyez ! c'est la flotte autrichienne qui est venue les couler il y a quelques jours !... Et les troupes bulgares, en ce moment même, marchent sur El-Bassan ! Ces actes d'hostilité ne peuvent rester sans réponse de ma part (1) ! »

Une dernière fois, nous nous serrons la main, et Essad pacha conclut par ces mots :

« Quoi qu'il advienne, je resterai fidèle à la Quadruple Entente. »

---

(1) Le lendemain de notre entrevue, le 19 décembre, ses askers arrêtaient le chargé d'affaires d'Autriche et le représentant de la Bulgarie demeurés jusqu'alors à Durazzo. Ils furent embarqués sur un bateau neutre, un voilier américain qui se trouvait dans le port.

Et, le 21 décembre, Essad pacha, président d'Albanie, se rangeait définitivement aux côtés de la Quadruple Entente, en déclarant la guerre à l'Autriche et à la Bulgarie.

DERNIÈRES ÉPREUVES

DERNIÈRES ÉPREUVES

—

18 décembre.

Durazzo ! Est-ce enfin le terme de nos souffrances ?

La mer qui s'étend sous nos yeux, seule nous sépare de l'Italie, de l'Italie accueillante et amie, vers laquelle, en peu d'heures, le moindre vapeur pourrait nous transporter.

Hélas ! depuis la visite de la flotte autrichienne et le bombardement, aucun bâtiment de guerre ou de commerce ne s'est plus aventuré jusqu'à Durazzo. L'ennemi, paraît-il, est toujours présent, bien qu'invisible : des sous-marins sont embusqués et, à l'entrée de la baie, montent la garde nuit et jour.

Le ministre d'Italie, Essad pacha que je viens de quitter, tout le monde ici me conseille de ne pas m'arrêter et de partir pour Valona, de partir sans retard. D'un jour à l'autre, en effet, les Bulgares peuvent descendre d'El-Bassan et couper les communications entre ce port et Durazzo.

A Valona seulement j'aurai la certitude de trouver un bateau pour passer en Italie, car les risques d'être torpillé sont moindres qu'en partant d'ici.

C'est encore une perspective de quatre jours de voyage dans l'eau et dans la boue ! Mais je suis résolu à tout affronter pour m'évader de l'enfer où je me débats depuis des semaines, et je prends la décision de partir dès le lendemain à l'aube.

Déjà j'ai trouvé un guide et une nouvelle monture — mon cheval épuisé de fatigue est mort la nuit dernière — lorsque au consulat italien on m'annonce qu'un vapeur est attendu.

Bientôt, en effet, vers deux heures après-midi, je le vois entrer dans la baie où il jette l'ancre. Il repartira dès qu'il aura déchargé ses marchandises.

*
* *

Cependant, dans Durazzo, les Albanais et les Turcs, Grecs, Italiens, Maltais, qui composent la population hétérogène de la ville, s'entendent comme larrons en foire pour rançonner impitoyablement les malheureux Serbes. Ils ont si bien réussi à déprécier les banknotes et même la monnaie d'argent qu'un repas coûte vingt dinars (francs) ! Du reste, personne n'a plus la force d'opposer aucune

DURAZZO ET SON PORT

résistance à leur odieuse cupidité, et ces misérables exploiteurs achèvent sans difficulté de nous dépouiller.

Notre aspect à tous est lamentable d'ailleurs. Le long des impossibles routes, qu'au milieu de tant d'épreuves il nous a fallu parcourir, nous avons laissé peu à peu nos ultimes bagages ; nos hardes usées n'ont pu naturellement être remplacées, et maintenant nous avons l'apparence de vagabonds invraisemblables.

Cette espèce de mendiant, coiffé d'une casquette crasseuse, vêtu de haillons dépareillés : veste de soldat et pantalon de civil, déchirés, troués, brûlés, c'est le plus riche propriétaire d'Uskub, M. Stevan Mladenovitch, qui possède dans cette ville une vingtaine d'immeubles.

Ce loqueteux hirsute, à la face hâve sous une guenille de chapeau mou sans forme ni couleur, et à qui on donnerait deux sous volontiers, était, hier encore, professeur à l'Université de Belgrade.

Et les autres n'ont rien à leur envier. Leur misère est égale, sinon pire !

*
* *

Parmi cette foule qui n'a plus qu'un but et qu'une idée fixe : atteindre coûte que coûte la côte italienne, je rencontre Radoïé, mon gendarme !

Le pauvre bougre est dans la plus cruelle indigence. Il m'avoue qu'il a dû vendre sa montre pour manger et pour pouvoir acheter à plus pauvre que lui une vieille paire de bottes. Des siennes il ne subsistait que les tiges, les semelles étaient restées là-bas, quelque part dans la boue entre Alessio et Durazzo.

Je lui annonce que, devant m'embarquer sur le vapeur providentiel qui vient d'entrer dans la baie, je lui rends sa liberté. Cela le navre, mais j'ai toutes les peines du monde à lui faire accepter quelque menue monnaie. Il repartira demain pour Scutari.

* *
*

19 décembre.

Afin de m'enquérir de l'heure exacte du départ du cargo, je monte au consulat italien, situé sur la hauteur, un peu en dehors de la ville.

Soudain, un coup de canon !... un autre ! un autre encore !... Et maintenant les détonations se succèdent, angoissantes...

Je me hâte d'achever la montée de la côte qui me cache la mer. J'arrive au sommet et j'aperçois, à 800 mètres à peine du rivage, le dos brun d'un sous-marin, qui, en surface, examine le port.

Le cargo l'a vu et c'est lui qui tire sur l'ennemi. Près de moi, les canonniers d'Essad pacha activent la mise en position d'une de leurs pièces sur une petite plate-forme, et bientôt, eux aussi, ouvrent le feu.

Le sous-marin semble se moquer parfaitement des projectiles qui, d'ailleurs, tombent assez loin de lui. Tranquillement il se déplace et continue son examen. Je tremble à la pensée qu'il va certainement envoyer une torpille à mon cargo... Dieu merci, au même moment, un des obus, mieux dirigé, l'atteint — j'en ai du moins l'impression — et en quelques secondes il s'enfonce sous les flots.

A-t-il vraiment été touché ou s'est-il immergé volontairement? je l'ignore, mais toujours est-il qu'il ne reparaît plus.

*
* *

Le départ du cargo reste fixé, malgré cette alerte, pour la nuit même. C'est le *Daûno*, un vieux bâtiment de la Société italienne de Navigation à vapeur Puglia. Il est armé contre les sous-marins, comme le sont aujourd'hui tous les bateaux de commerce, de deux petits canons.

A quatre heures trente de l'après-midi, je monte à son bord, où sont déjà entassés trois à quatre cents Serbes.

Lentement la nuit tombe. A sept heures nous appareillons. Tous les cœurs débordent de joie et d'espérance : demain matin nous aurons enfin achevé notre calvaire !

Une brume légère, et que la lune rend vaporeusement lumineuse, nous enveloppe et traîne sur les flots calmes comme ceux d'un lac, où le vieux bateau se balance mollement.

La douceur de l'heure, après tant de tortures et de tragédies, berce la détresse des infortunés qui, loin de la terre maintenant maudite et souillée, mais qui reste la patrie sacrée, vont fuir... Et voici que de leurs groupes entassés sur le pont montent vers le ciel nocturne de lentes mélopées... La tristesse en est infinie. Le cœur serré par une indicible émotion, je crois entendre l'âme même de la Serbie suppliciée se plaindre et sangloter dans ces « pesmées » mélancoliques, dans ces chants désespérés où vibre toute la douleur déchirante de ces malheureux qui ont tout perdu et n'ont plus devant eux que l'exil inconnu...

Les heures ainsi lentement s'écoulent... Soudain je suis repris par la réalité, par l'inquiétude... car nous ne sommes pas partis... nous ne partons pas...

*
* *

20 décembre.

Les contre-torpilleurs qui devaient nous convoyer ne sont pas venus nous prendre, et le jour, en se levant, nous montre le même horizon que nous voyions hier.

Soudain un cri s'élève : « Un sous-marin ! »

Dans le petit jour — il n'est que cinq heures vingt — j'aperçois l'odieux adversaire, cette fois encore en surface et qui, sans doute tapi à la sortie de la baie, a pu, grâce à la lune, nous guetter toute la nuit.

Nos petits canons tonnent aussitôt et lancent leurs obus, des bijoux d'acier, pointus comme des aiguilles. Au septième projectile le sous-marin disparaît.

Pour la seconde fois, c'est grâce seulement au peu de fond de la baie où nous sommes ancrés et qui lui interdit de nous approcher en plongée, que nous devons d'avoir échappé à sa torpille.

Mais l'émotion des passagers subsiste longtemps encore. Après tant d'épreuves, après tant de dangers, ces pauvres gens ne sont plus maîtres de leurs nerfs.

Il semble d'ailleurs qu'une fatalité s'acharne à nous poursuivre.

Le vent se lève, la mer devient houleuse. De l'horizon accourent de lourds nuages noirs et sur nous éclate une tempête d'une violence extrême, qui dure toute l'après-midi et achève d'abattre les derniers courages.

Et la nuit vient sans apporter le calme... Et nous ne partons toujours pas...

*
* *

21 décembre.

Il était dit que nous devions mourir de faim jusqu'au bout !

Personne n'a emporté de provisions, car nous étions persuadés, en nous embarquant avant-hier, que nous serions le lendemain matin à Brindisi. Maintenant, une fois de plus, c'est la famine !

La mer est trop grosse pour permettre d'aller à terre chercher des vivres. Au reste, comment en trouverait-on en quantité suffisante pour nourrir les trois à quatre cents affamés que nous sommes ?...

Mais enfin cette épreuve devait être la dernière.

Dans la nuit, en effet, brusquement un contre-torpilleur italien surgit de la brume à quelques mètres de nous, glissant sans bruit, tous feux éteints, sur la mer calme. Trois autres, à la file, le suivent. Ce sont nos convoyeurs.

Vers minuit le *Daûno* lève l'ancre et s'éloigne...

*
* *

22 décembre.

Pendant toute cette nuit, où personne n'a dormi, nous avons longé la côte albanaise. Au jour, nous sommes à la hauteur de Valona. Alors, d'un brusque coup de barre, nous prenons franchement la direction de l'ouest.

Deux des contre-torpilleurs, autour de nous, décrivent, l'un suivant l'autre, d'immenses S afin de rester à notre hauteur, car nous ne filons que sept nœuds à l'heure...

Enfin... enfin... voici là-bas la côte italienne !

A deux heures après-midi, pilotés par un tout petit torpilleur français, qui est venu nous prendre en vue du port, et dont nous suivons scrupuleusement le sillage pour éviter les torpilles dormantes, nous entrons à Brindisi.

C'est la fin du voyage. C'est la fin du cauchemar.

Ahuri, je retrouve la vie civilisée...

*
* *

C'est ainsi que se sont déroulées pour moi les tragiques heures de cette immense agonie d'un peuple qui a tout perdu, sauf son honneur, son héroïsme et sa foi dans l'avenir.

LA CONFIANCE SERBE

POUR PRÉPARER LA REVANCHE

POUR PRÉPARER LA REVANCHE

J'ai vécu avec l'armée serbe ses trois grandes guerres successives : la guerre de 1912 contre la Turquie, où l'enthousiasme des troupes qui se battaient pour la délivrance de leurs frères opprimés et des contrées jadis serbes les porta de victoires en victoires : Koumanovo, Prilep, Monastir; la guerre de 1913, où, navrée, l'armée serbe dut se retourner contre ses alliés de la veille, les Bulgares, traîtres maintenant à la cause commune, — et ce fut la mémorable victoire de la Brégalnitsa ; la guerre actuelle, enfin, où les troupes serbes, leur héroïsme suppléant à leur infériorité numérique et à leur pénurie d'armement, par deux fois eurent raison des forces austro-hongroises, beaucoup plus nombreuses et supérieurement équipées. Elles les rejetèrent hors du sol national, en août 1914, par leur brillant succès du Tser et du Iadar, et en décembre 1914, par l'éclatante victoire de la Koloubara, qui émerveilla le monde entier.

J'ai assisté à toutes ces luttes et à toutes ces victoires. J'ai vécu avec l'armée et la nation serbes ces journées de gloire inoubliables... Puis, hélas ! j'ai assisté à l'écrasement de ce peuple de héros et à son agonie douloureuse.

La critique des fautes de ses alliés, qui permirent son anéantissement, qui refusèrent d'entendre sa voix qui leur criait de ne pas se fier à la Bulgarie perfide, est déjà faite.

Les Alliés, pendant neuf mois, de janvier à octobre 1915, restèrent sourds aux projets de la Serbie, qui demandait à être secondée pour entreprendre, contre l'Autriche, une vigoureuse offensive dans la plaine hongroise. Cette offensive, pendant ces neuf mois, n'aurait guère rencontré de résistance jusqu'à Budapest ; elle aurait permis la jonction des troupes alliées avec celles de l'Italie et de la Russie, elle aurait sûrement entraîné la Roumanie, réalisé l'encerclement complet des empires du centre, — elle aurait, enfin, presque certainement décidé du sort de la guerre !

Les Alliés, au contraire, ont permis la réalisation du plan allemand : la jonction austro-allemande avec les Bulgares et les Turcs, dont la moindre conséquence est un nouveau prolongement de la guerre.

*
* *

Et, malgré tout, la Serbie est restée jusqu'au

dernier moment l'alliée loyale et fidèle. Elle a rejeté avec dédain toute avance faite par l'ennemi pour la conclusion d'une paix séparée.

Qu'il me soit permis de dévoiler un fait qu'ignorent certainement encore les gouvernements de la Quadruple Entente.

Devant le péril imminent où se trouvait la Serbie, voyant qu'en dépit de ses appels la Quadruple Entente, au lieu de voler à son secours, perdait un temps précieux et continuait à se laisser berner à Sofia, le prince héritier et régent Alexandre adressa au roi Constantin un *télégramme privé, tout d'amitié et de confiance,* pour lui demander s'il pouvait compter sur lui, si la Serbie pouvait compter sur la Grèce et sur son armée, en vertu, d'ailleurs, du traité d'alliance existant entre les deux pays.

Et le roi Constantin fit au prince Alexandre la réponse suivante, dont je garantis, sinon l'exactitude de tous les termes, du moins formellement la fidélité absolue du sens :

« *C'est à cause même du caractère amical de ton télégramme que je te réponds également en toute amitié et confiance que la Serbie n'a qu'un intérêt, qu'une ligne de conduite à suivre : faire la paix avec l'Allemagne et l'Autriche. Je puis te garantir que l'Allemagne n'a aucun sentiment d'animosité contre la Serbie. Elle ne lui demande*

*que la liberté de passage. J'ajoute que je suis dis-
posé à servir de trait d'union entre vos deux gouvernements et que je sais que l'Allemagne, dans ce
cas, fera la pression qu'il faudra auprès de l'Autriche pour que celle-ci cède à la Serbie une partie
de la Dalmatie.* »

(Cet échange de télégrammes privés a eu lieu fin
septembre, commencement d'octobre 1915.)

En même temps, d'ailleurs, un second télégramme parvenait au prince héritier, signé, celui-
là, par M. Zaïmis. C'était en quelque sorte une
seconde réponse du roi de Grèce, mais, celle-ci, officielle, et dans laquelle, contrairement aux conseils
de traîtrise envers les alliés de la Serbie, que conte-
nait sa première dépêche, Constantin faisait en
substance dire au prince Alexandre « que les heures
étaient trop troubles pour permettre au Gouvernement grec de lui répondre d'une façon catégorique,
mais que la Serbie pouvait et pourrait toujours
compter sur l'appui de la Grèce et sur sa fidélité
au traité d'alliance qui liait les deux pays ».

En dépit des conseils de traîtrise qui lui étaient
donnés, en dépit de l'attitude de la Quadruple
Entente à son égard, la Serbie, je l'ai dit, est restée
loyale et fidèle. Elle a lutté jusqu'au dernier instant. Elle a préféré abandonner à l'ennemi tout son
territoire que d'abandonner ses alliés.

*
* *

Et encore aujourd'hui, au moment où l'ennemi occupe tout son sol, le peuple serbe supporte en silence toutes les souffrances. Il ne récrimine pas; il ne crie pas; il attend et espère. Il garde la confiance que la France, la Russie et l'Angleterre ne l'abandonneront pas, puisque ces puissances luttent pour le principe de la liberté et de l'indépendance des États et des nations; puisqu'elles ont un devoir moral et un intérêt direct à reconstituer une Serbie grande et forte, une Serbie toujours loyale et fidèle, qui leur gardera une reconnaissance éternelle, qui restera une efficace entrave à la poussée germanique vers l'Orient.

J'ai dit comment, grâce à la Bulgarie qui la frappa dans le dos, la Serbie fut écrasée par ses ennemis coalisés ainsi contre elle. Pour avoir raison de sa merveilleuse vitalité, de son courage indomptable, l'Autriche et l'Allemagne réunirent 250.000 hommes et la Bulgarie en mobilisa 350.000.

L'armée serbe comptait alors, en chiffres ronds, 250.000 hommes.

Tant que le soldat serbe eut un but pour combattre, il montra une intrépidité extraordinaire qui lui valut le respect même de ses ennemis. Lorsque son idéal lui manqua, il s'abandonna à une sorte de résignation fataliste, et c'est dans une prostration presque complète qu'il attendit la fin dernière de ses souffrances.

*
* *

Mais ces troupes, décimées, épuisées, affamées, qui ne constituaient plus une armée combative, mais une masse inerte de soldats à bout de force physique et morale, ces troupes, depuis lors, se sont reprises.

Grâce à des chefs d'une rare valeur, comme le colonel Jivko Pavlovitch, le chef d'État-major général, dont j'ai déjà parlé; grâce à l'énergie de son nouveau généralissime, le voïvode Michitch, le glorieux vainqueur de la Koloubara, l'armée serbe s'est réorganisée. Les soldats égarés ou attardés dans les montagnes albanaises ont rejoint leurs unités. Chaque jour leur nombre s'est augmenté. En comptant les recrues appelées au moment de l'offensive austro-allemande et qui quittaient alors leurs villages en chantant, pressées de prendre le fusil contre l'envahisseur, le nombre de soldats serbes actuellement réunis en Albanie est de 145.000 hommes, qui ont avec eux 37.000 chevaux et 7.000 bœufs. L'artillerie a réussi, véritable tour de force, à sauver 85 canons en les transportant à bras d'hommes dans la neige et la glace des montagnes.

C'est donc une force considérable encore et qui en outre s'augmente des hommes actuellement à Salonique avec l'armée française. C'est une force sur laquelle j'étais moi-même loin d'espérer que les Alliés pourraient encore compter, lorsque je vivais avec l'armée serbe son effroyable retraite.

Mais ces soldats sont exténués et en guenilles, et, pour les sauver de la mort certaine il leur faut un refuge autre que l'Albanie. Il leur faut un refuge où ils pourront se reposer, être nourris, rééquipés, reformés en une armée nouvelle qui sera redoutable, étant composée des meilleurs éléments de l'ancienne armée serbe.

On peut être assuré que les soldats qui ont souffert un martyre inimaginable ne « lâcheront » jamais. Si les Alliés veulent les sauver, — cette armée sera d'un secours précieux dans les actions futures, — ils doivent au plus vite leur trouver un stationnement qui soit assez loin du théâtre de la guerre pour qu'ils puissent se refaire, et qui en soit assez près pour qu'ils puissent y revenir rapidement, car tous n'ont qu'un désir au cœur : combattre encore pour la délivrance de leur pays.

Janvier 1916.

PIERRE DE SERBIE,
ROI DE LÉGENDE
D'UN PEUPLE DE HÉROS

PIERRE DE SERBIE, ROI DE LÉGENDE D'UN PEUPLE DE HÉROS

Incarnation même de sa patrie suppliciée et envahie, dominant son peuple de héros comme un symbole d'héroïsme, au-dessus des revers tragiques de la guerre, au-dessus de la souffrance, de la misère et de l'exil, s'élève plus grande, à mesure que grandit l'infortune, la figure du roi Pierre de Serbie.

Il n'y a pas une goutte de sang dans les veines du roi Pierre qui ne soit de pur sang serbe. Sa mère, comme son père, comme tous ses aïeux, furent Serbes, et sa vie mouvementée est l'histoire même de la Nouvelle Serbie.

Son grand-père, on le sait, était un simple paysan, Georges Pétrovitch, surnommé par les Turcs Kara-Georges (Georges le Noir), et que ses frères, « raïas » (esclaves) comme lui, mirent à leur tête, lors de l'insurrection de 1804, pour la grande lutte contre la tyrannie ottomane.

L'insurrection, écrasée enfin, après neuf ans

d'une lutte inégale, Kara-Georges dut se réfugier en Russie. Son fils Alexandre, père du roi actuel, connut, lui aussi, la douleur de l'exil pendant le règne de Miloch Obrénovitch, prince de la dynastie concurrente.

Le jeune Pierre Karageorgevitch a suivi son père en France. Il entre à Saint-Cyr, combat en 1870 dans nos rangs sous le nom de lieutenant Kara, est décoré de la Légion d'honneur à Villersexel, puis, fait prisonnier, s'échappe en traversant, en plein hiver, la Loire à la nage, recommence à se battre et est blessé.

Après quarante ans d'exil, en 1903, il rentre dans sa patrie. En montant sur le trône que la Serbie lui offre, il pose le principe de son règne : « *Apprendre au peuple la liberté dans la liberté.* » Son premier acte est de substituer à la politique austrophile des Obrénovitch la politique d'appui sur la Russie, la France et l'Angleterre.

*
* *

La Serbie régénérée, agrandie par les guerres victorieuses de 1912 et 1913, est en plein essor lorsque se produit l'agression autrichienne qui déchaînera la guerre européenne.

A ce moment, Pierre Ier, vieillard de plus de soixante-dix ans, perclus de rhumatismes, affaibli par l'âge, a remis le pouvoir, trop lourd pour lui, estime-t-il, aux mains plus vigoureuses de son fils, le prince héritier Alexandre.

On sait comment, au commencement de la guerre, après quatre mois de luttes victorieuses, l'armée serbe, à bout de munitions et épuisée de fatigue, — car c'est la troisième guerre qu'elle soutient en deux ans, — doit reculer devant les forces austro-hongroises sans cesse renouvelées (1er-30 novembre 1914).

L'ennemi avance. Il occupe déjà un tiers de la Serbie. Il menace les deux berceaux de la liberté serbe. Il est aux portes de Topola, le village où naquit l'aïeul, le grand Kara-Georges ; il est devant Takovo, la patrie des Obrénovitch.

C'est alors que, soudain, en face de l'envahisseur victorieux, le roi Pierre se dresse. C'est alors qu'on voit ce spectacle sublime d'une âme forte domptant la faiblesse d'un corps épuisé, d'un vieillard débile et impotent, galvanisé par le péril de la patrie et retrouvant, pour voler à sa défense, sinon la force de la jeunesse, au moins son enthousiasme et son énergie.

*
* *

A Vrania-les-Bains, où il s'était retiré, Pierre Ier, depuis qu'arrivaient les mauvaises nouvelles, restait sombre, taciturne et comme accablé. Un soir, le 30 novembre, à l'heure du dîner, il apparaît souriant. Son entourage étonné n'ose l'interroger. Tout à coup, le vieux Roi relève la tête, une flamme aux yeux :

— Nous allons aller les voir, ces fameux Autrichiens d'Austerlitz et de Solférino !

C'est une stupeur. Son médecin intervient :

— Majesté...

Mais Pierre l'interrompt :

— La parole n'est plus au médecin, mais au soldat !

Il part le lendemain, et, malgré l'opposition de ses fils, du Gouvernement et du quartier général, il accourt à l'armée.

La situation est désespérée. Les troupes ennemies continuent leur poussée victorieuse. Les aéroplanes autrichiens, survolant les lignes serbes, y ont lancé un appel à la désertion, plein de promesses pour les lâches, et qui achève de jeter le trouble dans les rangs.

Mais voici Pierre Ier au milieu d'eux.

Le vent porte au loin ses paroles :

— Il paraît que vous êtes las de vous battre... Que vous préférez rentrer dans vos villages, comme vous y invite l'ennemi... Eh bien ! que ceux qui veulent partir, partent ! Ils sont libres...

Dans la rumeur qui accueille ses paroles, le vieux Roi continue :

« Vous avez juré de défendre votre roi et votre patrie... Je vous délie, en ce qui me concerne, de votre serment ! ... Mais tous, nous devons tout notre sang à la Serbie... Moi, je reste ! ... Que ceux qui veulent vaincre ou mourir aux côtés de leur vieux roi restent avec moi ! ... »

La foule des soldats, électrisée par sa présence et sa parole, n'a qu'un cri :

— Nous ne sommes fatigués que de reculer ! ... Nous sommes heureux de ta présence, car c'est le signal de l'offensive ! ...

— *Tako ié* (c'est ainsi) ! répond solennellement le vieux Roi.

Et, joignant l'acte aux paroles, il va aux tranchées de première ligne et ramasse le fusil d'un mort.

— Donnez-moi cinquante cartouches ! demande-t-il simplement.

Il était jadis un merveilleux tireur. Maintenant, pour une heure, il retrouve la sûreté de main et de coup d'œil de la jeunesse et, sous la mitraille, fait le coup de feu.

Un obus éclate, tue un soldat à sa gauche, en

blesse un autre à sa droite ; le vieux monarque, impassible, continue à tirer...

*
* *

Comme une traînée de poudre, la nouvelle se propage de compagnie à compagnie, de régiment à régiment, d'armée à armée : « Le Roi est dans la tranchée !... »

C'est le cri d'espérance que tous, soldats, sous-officiers, officiers et généraux, répètent dans l'enthousiasme fou qui les soulève : « Le Roi est dans la tranchée ! »

Et le miracle se produit.

Après un mois de recul continuel, c'est l'arrêt brusque de la retraite. Les régiments s'arc-boutent sur leurs positions, et lorsque le commandement éclate : « *Sokoli!... Napred!* » (Faucons !... en avant !...) c'est une irrésistible ruée de toutes les troupes serbes. C'est l'éclatante victoire de la Koloubara, qui stupéfia le monde. C'est l'armée austro-hongroise du feld-maréchal Potiorek balayée et laissant aux mains des vainqueurs 40.000 prisonniers. C'est Belgrade et toute la Serbie reconquises en moins de dix jours !

*
* *

Dans la marche foudroyante vers Belgrade, Pierre Ier, dans son automobile, avance avec les premières lignes de l'armée.

— Plus vite !... Plus vite !... ordonne-t-il à son chauffeur.

Il dépasse toutes les troupes malgré leur élan. Il est à Belgrade, où la bataille fait rage. Seule une faible avant-garde, une cinquantaine de cavaliers, l'a précédé. Dans la ville, sous les obus et les balles, il entre en pleine fournaise.

Pierre Ier se penche vers son chauffeur :

— A la cathédrale !

Mais la porte de la cathédrale est fermée. Il faut qu'un gamin, sorti on ne sait d'où, soit hissé à bras par une fenêtre dans le monument. De l'intérieur il réussit à ouvrir.

Le Roi entre, et, dans le chœur, tombe à genoux...

Cependant, au bruit de l'auto, les habitants de Belgrade sont sortis des caves où ils s'étaient réfugiés. La nouvelle s'est répandue en un instant d'un bout à l'autre de la ville. Le Roi est là !... et, au milieu du bombardement, la foule est accourue ; elle emplit la vaste nef, où Pierre Ier est toujours prosterné sur les dalles.

Le prince Georges, le prince héritier Alexandre arrivent à leur tour.

Le Roi enfin se relève. Il voit ses fils, ses officiers. Tous l'entourent, lui baisent les mains... Il éclate en sanglots...

Mais à l'autel est monté un aumônier militaire. Au milieu des sanglots qui, de toute part, s'élèvent sous les voûtes, au milieu du vacarme de la bataille environnante, c'est alors dans cette cathédrale où bat maintenant le cœur même de la patrie serbe, un *Te Deum* d'une grandeur plus tragique, plus émouvante, qu'il n'en fut jamais célébré même aux heures pathétiques et glorieuses du passé.

*
* *

Neuf mois se passent.

Puis la nouvelle attaque se produit formidable. Trois ennemis, cette fois, sont coalisés. L'armée serbe, s'attachant à son sol, offre d'abord une résistance désespérée, mais une tempête de mitraille l'écrase, le flot des assaillants la submerge, elle doit reculer.

Pierre Ier, dès la première heure, est revenu au milieu de ses soldats. Bientôt, comme tout le peuple, comme toutes les troupes, il comprend que cette fois l'héroïsme ne pourra plus vaincre le nombre...

De nouveau, le voici parcourant les tranchées. Il

est plus vieux et plus triste seulement. Il n'a pas d'armes. Il se courbe sur son bâton de vieillard, mais ce vieillard, malgré sa lassitude, malgré ses souffrances, partage le sort de ses soldats qui sont ses frères et ses enfants, le sort de son peuple pour qui il est l'image sacrée de la patrie accablée. Ainsi que tous il endure le froid et la faim. Dans un langage simple, comme un paysan qui parlerait à un autre, il console et réconforte les désespérés. Il sait encore galvaniser les courages défaillants. Pour aller jusqu'au bout du calvaire effroyable, il trouve des forces dans la grandeur de son rôle. Durant toute la retraite tragique qu'il suit dans un char à bœufs ou même souvent à pied, il donne à tous le plus admirable exemple d'énergie indéfectible.

Et quand tout est perdu, sauf l'honneur, quand il ne reste plus d'espérance même en un impossible miracle, même alors l'âme héroïque du vieux monarque ne veut pas plier. Pour lui, une paix, quelle qu'elle soit, serait la honte. Et, à son exemple, soutenus par cette foi sublime, par cette volonté plus forte que le sort, l'armée et le peuple serbes se refusent à tomber aux mains de l'envahisseur, se refusent à mourir.

*
* *

Et c'est l'Albanie, que, sous le ciel lourd d'hiver, Pierre Ier traverse sans escorte, aussi pauvre, aussi dénué de tout que le dernier de ses paysans, de ses soldats. Quelles pensées l'accompagnent le long de ces chemins de désolation? Après treize ans d'un règne d'incomparable gloire, au cours desquels il a vu son pays grandir chaque jour davantage, maintenant toute l'œuvre s'effondre. Il assiste, pantelant d'horreur, à l'écrasement de la Serbie. Il doit reprendre, si vieux, si las, si faible, la route de l'exil... Mais sa volonté n'est pas brisée, il s'y obstine, muet, taciturne, farouche. Il pense encore à la revanche et à la victoire. Il reste avec son armée.

D'Alessio, il va à Tirana, puis à Durazzo. J'assiste à son départ, sur un torpilleur italien qui, une nuit, vient le prendre. On annonce qu'il passe en Italie. Non pas. Il se fait conduire à Valona.

Et là, ce roi-héros, ce roi indompté, qui n'a plus de patrie, arrive dans un tel dénuement qu'il n'a plus d'or pour payer sa modeste chambre d'hôtel !

C'est là que la France lui envoie la Croix de guerre.

Alors, lorsque le général de Mondesir eut accroché cette croix des braves sur sa poitrine, déjà rougie par la Légion d'honneur, qu'il est le seul souverain à avoir payée de son sang, Pierre Ier part pour Salonique.

Il sait qu'il y retrouvera des soldats serbes, une partie de ses troupes, et, avec eux, les soldats français, fils de ceux qu'il commandait, jadis, en 1870.

Les uns et les autres lui sont également chers. Il les sait frères en courage et frères dans cette guerre inouïe, où sont alliés les peuples qui préféreraient mourir plutôt que de vivre dans un monde où la liberté serait morte.

Et Pierre Ier, à ces soldats, est venu dire son espoir et sa confiance ; l'espoir et la confiance qui, dans son vieux cœur, survivent à toutes les souffrances, à tous les désastres, à toutes les infortunes : voir, avant de mourir, la Serbie libérée grâce à eux !

TABLE DES GRAVURES

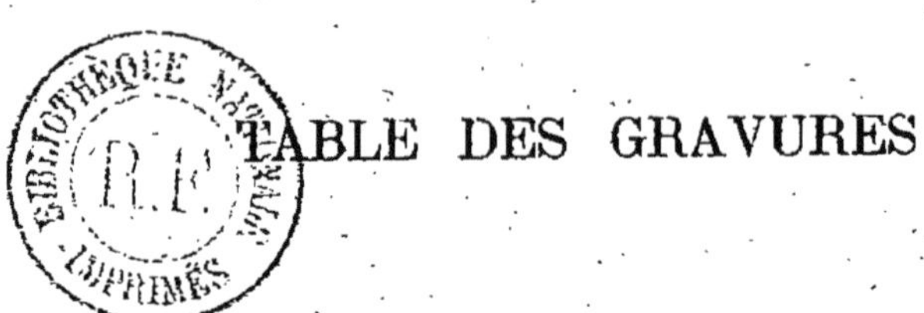

TABLE DES MATIÈRES

NANCY, IMPRIMERIE BERGER-LEVRAULT. — MARS 1916

IMPRIMÉ APRÈS LE 5e BOMBARDEMENT DE LA VILLE

PAGES D'HISTOIRE — 1914-1916
Série de volumes in-12 (93 volumes parus)

LES LIVRES DIPLOMATIQUES

Le Livre jaune français (*17 mars 1913-4 septembre 1914*) . . . . . 90 c.
Le Livre gris belge (*24 juillet-29 août 1914*) . . . . 60 c.
Le Livre orange russe (*10/23 juillet-24 juillet/6 août 1914*). . . . . 60 c.
Le second Livre orange russe (*19 juillet/1er août-19 octobre/1er no-
   vembre 1914*) . . . . 60 c.
Le Livre bleu anglais (*23 juillet-4 août 1914*). . . . . 60 c.
   —   —   *Documents complémentaires (20 juillet-1er sep-
                    tembre 1914).* . . . . 60 c.
Le second Livre bleu anglais (*Turquie, 3 août-4 novembre 1914*) . 90 c.
Le Livre bleu serbe (*16/29 juin-3/16 août 1914*) . . . . 60 c.
Le Livre vert italien (*9 décembre 1914-4 mai 1915*). . . . . 90 c.
Le Livre blanc allemand (*24 juillet-2 août 1914*). . . . . 60 c.
Le second Livre blanc allemand. *Essai critique et notes sur l'al-
   tération officielle des documents belges,* par Fernand PASSELECQ,
   directeur du Bureau documentaire belge. Avec de nombreux fac-
   similés inédits. . . . . 1 fr.
Le Livre rouge austro-hongrois (*29 juin-24 août 1914*) . . . . . . 90 c.

LES NEUTRES ET LA GUERRE

Voix américaines sur la Guerre de 1914-1916. Articles tra-
   duits ou analysés par S. R., membre de plusieurs sociétés savantes.
   Volumes I à IV, chacun à. . . . . 60 c.
La Suisse et la Guerre . . . . 60 c.
Les Dessous économiques de la Guerre, par Christian CORNÉLISSEN,
   économiste hollandais. Préface de Charles ANDLER, professeur à la
   Sorbonne . . . . 60 c.
Les Allemands en Belgique (Louvain et Aerschot). *Notes d'un
   témoin hollandais,* par L.-H. GRONDIJS, ancien professeur à l'Institut
   technique de Dordrecht. 1915 . . . . 60 c.
Voix espagnoles. Préface par Gomez CARRILLO . . . . 60 c.

L'Allemagne et la Guerre, par Émile BOUTROUX, de l'Académie
   Française. . . . . 40 c.
La Folie allemande. *Documents allemands,* par Paul VERRIER,
   chargé de cours à la Sorbonne . . . . 30 c.
La Haine allemande (*Contre les Français*), par Paul VERRIER. . . 40 c.
Paroles allemandes. Préface de l'abbé E. WETTERLÉ, ancien député
   d'Alsace au Reichstag. . . . . 90 c.
Les Origines historiques de la guerre, par Gabriel ARNOULT,
   docteur en droit. Avec 4 cartes . . . . 40 c.
Les Campagnes de 1914, par CHAMPAUBERT. Avec 23 cartes. . . . 60 c.
Chronologie de la Guerre (*31 juillet 1914-30 juin 1915*), par S. R.
   2 volumes . . . . 1 fr.
L'Œuvre de la France. Articles traduits du journal *The Times*
   (juillet 1915). . . . . 40 c.
Voix italiennes sur la Guerre de 1914-1915. . . . . 60 c.
Les Alsaciens-Lorrains en France pendant la guerre . . . . 60 c.

www.ingramcontent.com/pod-product-compliance
Ingram Content Group UK Ltd.
Pitfield, Milton Keynes, MK11 3LW, UK
UKHW021508090726
13657UKWH00001B/116